云南省高等学校教学质量与教学改革工程项目成果

民族数学文化教育教程

周长军◎主编

National Mathematics Culture Education Course

中央民族大学出版社
China Minzu University Press

图书在版编目(CIP)数据

民族数学文化教育教程/周长军主编.—北京:中央民族大学出版社,2019.10(2021.12重印)

ISBN 978-7-5660-1510-5

Ⅰ.①民… Ⅱ.①周… Ⅲ.①数学课—少数民族教育—中小学教育—教材 Ⅳ.①G634.601

中国版本图书馆CIP数据核字(2019)第075305号

民族数学文化教育教程

主　　编　周长军
责任编辑　满福玺
责任校对　杜星宇
封面设计　汤建军
出版发行　中央民族大学出版社
　　　　　北京市海淀区中关村南大街27号　邮编:100081
　　　　　电话:(010)68472815(发行部)　传真:(010)68932751(发行部)
　　　　　　　(010)68932218(总编室)　　　　(010)68932447(办公室)
经 销 者　全国各地新华书店
印 刷 厂　北京鑫宇图源印刷科技有限公司
开　　本　787×1092　1/16　印张:16
字　　数　251千字
版　　次　2019年10月第1版　2021年12月第2次印刷
书　　号　ISBN 978-7-5660-1510-5
定　　价　80.00元

序

我国是一个多民族国家，各少数民族具有大杂居、小聚居、相互交错居住的分布特点。

中华人民共和国成立以来，我国少数民族地区的数学教育取得了较快的发展，许多数学教育研究者从不同的方面对我国民族数学教育开展了研究。这些研究涉及课程、教材、教法、教师、学生、技术等广泛领域。其中，少数民族学生的数学思维特点、民族地区数学教学方法以及民族文化对数学教育的影响是备受关注的几个领域。

党的十九大报告中指出："文化是一个国家、一个民族的灵魂。文化兴国运兴，文化强民族强。没有高度的文化自信，没有文化的繁荣兴盛，就没有中华民族伟大复兴。"

中国少数民族文化源远流长、丰富多彩、独具风格。从数学教育视角来看，各民族文化中同时也蕴涵着绚丽的民族数学文化，或者说任何一个民族都有自身的数学文化，这是少数民族地区数学教育的出发点，也是我们认识少数民族学生思维特点的依据，同时也是少数民族地区学校数学教育鲜明的和必不可少的背景材料。我国是一个具有56个民族的大家庭。但学校教育中，课程往往反映了现存主流文化的意识，而忽视了对其他文化的尊重和理解。因此，在少数民族地区义务教育阶段，如何根据全国统一的数学课程标准，恰当、科学地建设民族地区的数学地方教材和校本教材，作为统编教材的补充，这对于传承民族数学文化、促进教育公平和民族地区人才的成长，具有十分重要的意义。

民族数学文化的融入和渗透，体现了学校教育中的少数民族非物质文化遗产传承，不仅有利于学生个人的发展，而且对于学校教育的改革发展具有重要意义，在一定程度上避免了学校教育和少数民族非物质文化遗产的保护和传承脱节，使数学教学生动、具有吸引力，让学生切身体会到数学的用途，数学“好玩”，数学就在我们身边。熟悉的民族数学文化情境，对于边疆民族地区的少数民族学生而言，从心理感受上，熟悉感、亲切感、亲近感、自豪感、求知欲悄然无声地切入，在一定程度上会取代学习过程中的陌生感、羞怯感、焦虑感、恐惧感、挫折感、习得无助感，在一定意义上弥补了“数学教材如果没有文化的渗透将是晦涩与枯燥无味的”这一缺憾，进而促进民族儿童整体的和谐发展和个性完美，强化民族自豪感、自信心和归属意识。

因此，如何使学校课程的内容接纳不同文化，是民族地区当前课程改革必须考虑的一个重要方面。在民族地区开展民族数学文化融入数学课堂的教学研究，就在于通过发掘民族数学文化，编写地方民族数学教材，融民族数学文化于国家的数学课程教学之中，让民族地区学生和全国的学生得到同步的健康发展。

中华民族具有悠久的文化传统，但数学文化由于历史的局限性。一方面，各民族互相学习、互相交融形成的数学文化，基本上属于算术领域；另一方面，研究民族数学文化，旨在让民族儿童利用母语阶段获得的数学信息，培养学习数学的兴趣，克服语言障碍，促进数学思维能力的发展。因此，本书从跨文化数学教育的视野，发掘、梳理了佤族、傣族、景颇族、白族、藏族、苗族、侗族、布依族等少数民族的数学文化，并以之为例来探讨少数民族数学文化教育，不妨也可冠以《民族数学文化教育教程》的书名。

该书以我国数学教育工作者对少数民族数学文化教育研究的历程及初步成果为主线，从少数民族数学文化载体、历史发展阶段、少数民族数学文化的研究与现实应用，尤其是将日常生活中的数学元素引入课堂的现实性及其文化保护、传承的维度进行了梳理和归结、探索。该书是一本落实“三级课程管理”的，集学术性、趣味性、教育性、可读性于一体的民族地区地方课程数学教材。

该书特色在于突出弘扬民族数学文化，图文并茂，语言精练，紧密结合基础教育新课改数学课程标准与教材的实际，贯彻新课改体现的新教育思想和教学方法，展示了国内丰富多彩的少数民族数学文化研究成果、拓展读者视野，并将部分少数民族数学文化应用到课堂教学，进行了实证性检验，遴选了取得实效的优秀教学案例供读者欣赏与参考。这对于探讨如何让学生在发现问题、提出问题、分析问题和解决问题的过程中，既有学习数学的兴趣，又能掌握好基础知识和基本技能有很大帮助，对民族地区的地方数学教材建设，有着现实的参考价值。对“办好人民满意的教育”，也是一种值得肯定的积极的尝试。

民族地区的数学教育必须科学地处理好数学文化与民族数学文化的关系，科学地整合民族数学文化于数学教育之中：一方面，利用民族数学文化辅助数学教育，促进民族儿童健康成长；另一方面，弘扬民族数学文化，自立于世界民族之林。

我们要用民族数学文化促进跨文化教育的发展，共建民主、平等、和谐、富强的民族大家庭。

贵州师范大学　吕传汉

2018 年 2 月 1 日

前　言

我国有56个民族，鉴于风俗习惯的不同及历史封闭性等诸多因素，不同民族、不同地域的人们形成了不同的思维方式，解决问题的方式、方法也不尽相同，并且由于存在不同的经济文化类型，因而呈现出丰富多彩的少数民族数学文化。

《全国民族教育科研规划（2014—2020年）》中指出："基础教育是我国民族教育事业的奠基工程，应将民族地区以数学为核心的理科教育改革与发展研究作为重要的研究领域。"

在具有浓郁民族文化的边疆民族地区，培养民族小学生数学的核心素养方面，最大的挑战就是文化背景差异，而现行数学教材不可能照顾到这些差异。少数民族学生从一入学就面临语言、习俗、思维方式、数学学习价值取向及学习交流方面的理解、表达、转换等诸多困难。他们已有的学习生活、成长环境与现行教材有一定距离。民族地区丰富多彩的数学素材在通用教材中十分有限。教材中所创设的部分数学情境远离民族学生的生活和知识背景，甚至对边远民族地区的学生来说感到非常陌生。在学习心理上，无形中有些茫然，进而影响了对数学学习与认知。现行学校课程在边远民族地区的农村较为低效的一个主要原因是这些课程大多文化适切性较差。这不仅不利于少数民族文化的传承与发展，而且客观上成了许多学生学业失败的根源。因此，认识和了解少数民族地区学生的背景文化，是实施有效教学的基础。为了更好地实现课程目标，我们在已有的民族数学文化的研究中，从数学文化及数学之美出发，选取了认为最基本的少数民族文化视野下的数学、丰富多彩的少数民族数学文化、少数民族数学教育、少数民族数学文化融入中小学数学课堂、融入课堂实用教学案例及校内外实践等方面进行了讨论，并通过典型教学案例的选择来展示民族数学文化在现实教学中的应用。

本教程作为云南省教学质量与教学改革工程项目——数学教育团队建设成果之一（云教高2012.115号），同时得到了德宏州人民政府的支持，也是云南省德宏傣族景颇族自治州人民政府专项资金资助项目（德财预2018.97号）。本教程由德宏师范高等专科学校周长军、李润琪、申玉红、张进、郭彩莲、宋加友、杨世玲和德宏州陇川教育科研中心、“云岭教学名师”穆勒滚组成了编委会。编写组成员具体分工如下：周长军负责全书的整体规划与设计，并编撰了第一至第九章、第十一章的内容；穆勒滚组织一线教师编写了第十章，并与编委成员共同审校了第十章内容。

本教程参阅国内相关专家的学术成果，同时得益于业内民族（数学）文化专家吕传汉、孙晓天、张维忠等12位教授组成的顾问专家团队的指导，在框架结构、民俗民情内容等方面给予的建议和帮助，数易其稿，终于完成了编写民族数学文化教育教程的工作。吕传汉先生为本书写序增色，特鞠躬致谢！

鉴于本教程实用案例大多来自云南德宏傣族景颇族自治州的小学教师的课堂教学设计，也有出自在校师范学生的设计，作者较多，参阅的相关论著、资料也较多，引用的材料未能一一注明；本书的出版过程中，得到了西南大学宋乃庆教授、彭爱辉博士、德宏州人民政府卫岗同志及德宏师专孔勤干同志等学校领导和相关部门的支持；责任编辑满福玺老师为此付出了大量的时间和精力，特在此一并表示感谢！

本教程是民族数学文化教材编写的初次尝试和探索，加上编者水平所限，对少数民族数学教育及小学数学教育情况的了解和分析有局限性，因而难免存在对民族数学教育的阐述不够准确，对民族地区基础教育中的数学教学分析不深刻等问题，敬请读者不吝批评指正。

编　者

2018年春于德宏

目　　录

第一章　绪　论
——为什么要学习民族数学文化教育教程 …………………………… (1)

上篇　民族数学文化

第二章　数学文化 …………………………………………… (7)
第一节　文化概述 …………………………………………… (7)
第二节　深邃的数学文化 …………………………………… (8)
第三节　数学教学中渗透数学文化的意义 ………………… (23)
第三章　数学文化中的美 ………………………………… (28)
第一节　数学文化中的美 …………………………………… (31)
第二节　数字文化欣赏 ……………………………………… (33)
第三节　数学语言的简洁美 ………………………………… (46)
第四节　名题欣赏 …………………………………………… (48)
第四章　数学文化中的基本方法 ………………………… (53)
第一节　公理化方法 ………………………………………… (53)
第二节　数学模型方法 ……………………………………… (55)
第三节　化归方法 …………………………………………… (59)
第五章　文化视野下的少数民族数学 …………………… (60)
第一节　民族数学的发展 …………………………………… (60)
第二节　民族数学的启示 …………………………………… (63)
第三节　民族数学文化的含义 ……………………………… (65)
第四节　少数民族数学文化研究 …………………………… (69)

第六章　少数民族传统生活中丰富多彩的数学文化 …………………………（73）
第一节　几何纹样 ……………………………………………………………（73）
第二节　佤族传统生活中的数学文化 ………………………………………（81）
第三节　德宏傣族传统生活中的数学文化 …………………………………（86）
第四节　景颇族传统生活中的数学文化 ……………………………………（105）
第五节　白族传统生活中的数学文化 ………………………………………（112）
第六节　苗族、侗族传统生活中的数学文化 ………………………………（115）
第七节　布依族传统生活中的数学文化 ……………………………………（118）
第八节　藏族传统生活中的数学文化 ………………………………………（125）
第九节　蒙古族传统生活中的数学文化 ……………………………………（128）
第十节　其他少数民族数学文化研究成果 …………………………………（129）

下篇　民族数学教育

第七章　少数民族数学教育 ………………………………………………（133）
第一节　数学教育 ……………………………………………………………（133）
第二节　民族数学教育 ………………………………………………………（136）
第三节　我国民族数学教育研究的特点 ……………………………………（139）
第四节　跨文化数学教育研究简介 …………………………………………（140）
第八章　民族数学文化与数学教育 ………………………………………（145）
第一节　数学文化在数学教学过程中的缺失 ………………………………（145）
第二节　少数民族数学文化课程资源 ………………………………………（149）
第九章　民族数学文化融入中小学数学课堂 ………………………………（156）
第一节　民族数学文化融入中小学数学课堂的理论探索 …………………（156）
第二节　数学情境——问题教学案例探索 …………………………………（158）
第三节　民族数学文化运用于中小学数学课堂 ……………………………（168）
第十章　民族数学文化融入小学数学课堂实用教学案例 …………………（172）
案例一　人教版小学数学一年级下册第八单元
找规律（第 2 课时）教案 ……………………………………………（172）
案例二　傈僳族文化融入小学数学课堂的教学实践 ………………………（177）

案例三　轴对称再认识 …………………………………………………… (180)
案例四　“加法运算定律的应用”教学设计 ………………………… (186)
案例五　除法两步计算解决问题 …………………………………… (190)
案例六　数据收集整理 ……………………………………………… (197)
案例七　“倍的认识”教学设计 …………………………………… (203)
案例八　“认识图形”教学设计及反思 …………………………… (207)
案例九　1—5 的认识 ……………………………………………… (213)
案例十　数学广角——搭配 ………………………………………… (218)
第十一章　校内外实践 …………………………………………… (225)
第一节　校内实践 …………………………………………………… (225)
第二节　校外实践 …………………………………………………… (226)
第三节　校内外实训项目内容 ……………………………………… (226)

附录一　基于少数民族数学文化背景下的小学数学教学个案研究（节选） ………… 周长军　穆勒滚　赵建红　彭爱辉 (229)
附录二　苗侗建筑文化引入小学数学课堂的教学尝试（节选） ……………………………… 周秋嘉　肖绍菊 (234)

第一章　绪　论

——为什么要学习民族数学文化教育教程

基础教育中，民族地区学生已有的生活经验及非常规知识的积累，与现行教材几乎没什么交集。

虽然教材的都市化倾向本身没什么问题，但放到民族地区实际使用中，往往减弱了教材预设的教育功能。

民族地区的生活丰富多彩，数学素材丰富，但很难在通用教材中得以反映。

通用教材对相对弱势的少数民族数学教育应该有特殊的建设措施。

怎么办？

在保持教材通用面貌的同时，在研究、实验的基础上，以少数民族学生熟悉和具有亲切感的场景为基础，编写能够替换若干远离民族地区实际情况的问题情境或教学案例，作为附录与现行教材一并印行。

我们有责任也有能力从事这方面的研究。

孙晓天：《少数民族数学教育：我们可以做些什么？》
2015 年 10 月昆明中国少数民族数学教育第五届学术年会

众所周知，在具有浓郁民族文化的边疆民族地区实施数学教育面临的最大挑战就是文化背景的差异。少数民族学生从一入学就面临语言生活习俗、思维方式、数学学习价值取向及数学学习交流方面的理解、表达、转换等诸多困难。民族地区丰富多彩的数学素材在通用教材中得到的呈现有限。要发展民族地区数学教育，就应开发符合民族地区文化背景的数学课程，根据民族学生学习数学的心理特点，在数学课堂教学中有效地开展合作学习，为民族儿童的数学认知、数学理解提供必要的现实素材和认知经验，将书本上的数学内容、思想和方法植根于民族儿童的日常经验和文化背景之中，提高民族儿童的心理认同感，为民族学生创造一种熟悉和有效的学习环境。

数学的学习，尤其是少数民族地区民族学生的数学学习，让学生一直感到不易。一是和数学学科特点相关，二是和民族学生面临的思维、语言、理解、转换、表达、交流等障碍有关，三是与教师的教学相关。正如宋乃庆教授指出的，数学学科已成了民族学生学习路上的“拦路虎”。张奠宙教授曾提出，数学教学的目标之一是把数学知识的学术形态转化为教育形态。把数学知识转化为教育形态，一是要靠对数学深入理解，二是要借助人文精神的融合。数学理解不深入，心里发虚，讲起课来淡而无味。人文修养不足，只能就事论事，没有文采。深邃的数学文化，结果成了干巴巴的教条，学生学而无趣，最终不得已成为考试的奴隶。

当前，中小学数学教学在国家的课程标准指导下，课堂教学模式发生了变化，以“创设情境—师生互动—巩固反思”为基本模式，采用多形式创造出新颖的课堂教学，给中小学数学教育带来了生机。然而，在课程标准下的数学课本中，有些知识背景远离边疆民族地区实际，按照这些知识背景所创设的数学情境，偏远欠发达的民族地区的学生对其感到非常陌生，难以起到“数学情境对学生产生直接的刺激”作用。如何让民族地区的孩子不害怕学习数学、对数学不陌生并产生兴趣，进而提高数学教学质量，是长期困扰数学教育界的一大难题。

教育界已经明确，在民族地区实施数学教育其实就是一种跨文化教育。为此，国内以贵州师范大学为代表的高师院校做了长达30余年的研究，取得了丰硕的成果，为少数民族地区数学教育质量的提高提供了正确的理论依据，功不可没。贵州师范大学吕传汉、汪秉彝两位教授“跨文化数学教育”理论与中小学“数学情境与提出问题”教学模式，其宗旨在于缩小因文化与经济背景差异带来的数学教育差距。为此，首先要弄清少数民族数学文化背景，了解少数民族学生，特别是低学段学生学习数学的思维方式，少数民族学生生活在民俗文化的氛围中，自幼受到民俗文化的熏陶，他们的价值观念、生活习惯，对客观世界的认识，对科学知识的选择和理解，都有本民族文化的深深烙印，民族文化逐渐积淀、占据着他们的认知领域，左右着他们的行为规范，这一客观存在加大了教学难度，这也是样本学校绝大多数教师面对的现实问题。在民族地区创设数学情境实施数学教育，期盼通过所创设的数学情境对学生产生直接的刺激，以解决数学知识的抽象性与学生思维的具体性之间的矛盾的时候，我们却发现民族地区广大的中小学数学教师对民族文化缺乏了解，不知道民族数学文化背景，仅限于教材或教参提供的知识背景创设情境，难以让少数民族学生在自己熟悉的文化生活背景中学习数学。

因此，作为师范生，不仅要有扎实的数学基本知识、基本技能、基本数学思想方法和基本数学活动经验等数学专业基本功，拥有爱岗敬业等教师职业素质，而且还需要具备初步地把握民族数学及民族学生的学习特征、了解民族数学文化与教育的意义和价值的能力，具有一定的善于发现当地民族文化中的数学元素的眼光，从民族中小学生熟悉的环境中提取数学素材，并用于创设数学情境问题教学的能力，这些都是在民族地区从事基础教育的基本功。

《国家中长期教育改革和发展规划纲要（2010—2020）》明确指出：“加快民族教育事业发展，对于推动少数民族和民族地区经济社会发展，促进各民族共同团结奋斗、共同繁荣发展，具有重大而深远的意义。”《中共中央关于全面深化改革若干重大问题的决定》对教育领域提出了“深化教育领域综合改革”的总体要求，并明确提出“大力促进教育公平”及“逐步缩小区域、城乡、校际差距”的具体目标。在此背景下，在民族地区小学数学课程教学中，重视少数民族数学文化在小学数学教育中的运用，既有利于少数民族学生传承本民族优秀的数学文化，平等地对待和欣赏本民族和其他各民族的文化，增强学生的民族平等和民族大家庭意识，又有利于弥补少数民族地区现行数学教材的不足，同时对于教师寻求有效教学策略，提升民族地区的数学教育质量，缩小与发达地区间数学教育的差距，促进义务教育均衡发展和教育公平具有重大现实意义。

努力让民族地区的小学生在自己熟悉的文化生活背景中学习数学，需要数学教师从数学教育的视角了解和研究民族文化，教师结合学科教学现行教材和学生实际，有意识地关注当地少数民族文化与课堂数学情境问题教学的关联，而不是仅限于教材或教学参考提供的知识背景创设情境，或强行一律地取代教材中的数学问题情境。对于民族数学文化在数学情境与提出问题教学中的运用，如何平衡通用教材内容与民族数学文化情境问题融入教材的关系，需要教师的教学抉择智慧，综合考虑有效教学原则及民族文化传承的意义，教师根据教学的具体实际去使用教材，让学生在自己熟悉的文化生活背景中学习数学，方能适时地在少数民族地区较好地实施数学教育。

上篇　民族数学文化

云南德宏傣族景颇族自治州景颇族学生讨论数学问题

第二章　数学文化

第一节　文化概述

言及文化，很易使人联想到日常生活中涉及文化的各种场景，可以从中体会到作为文化的一些属性。如常听到或谈到的东方文化、西方文化，客家文化、饮食文化、茶文化、建筑文化、服装文化，以及布依族铜鼓文化、苗族刺绣文化、纳西族东巴文化、西双版纳、德宏等傣族稻作文化。这说明文化是一个与自然相对的概念，从中也不例外地体会到文化的一个重要特征——群体性，即文化是相对于一个群体的概念，正因为如此，不同的国家、地区或不同的民族有其不同的文化。这类差异性相应地影响了民族的处世方式等，这实际上说明文化影响着人们的行为方式。

何谓文化？文化的定义，由于视角的不同达百余种。《辞海》从广义和狭义两方面给出了文化的定义。广义来说，文化是指人类社会历史实践过程中所创造的物质财富和精神财富的总和；即一切非自然的、由人类创造的事物或对象都应看成文化物。狭义来说，文化是指社会的意识形态以及与之相适应的制度和组织机构，即人的精神生活领域。

对文化学的系统研究始于 19 世纪末。1871 年泰勒（E. Tylor）在《原始文化》一书中提出了关于文化的经典定义："所谓文化或文明，就其广泛的民族学意义来说，乃是知识、信仰、艺术、道德、法律、习俗和任何人作为一名社会成员而获得的能力和习惯在内的复杂整体。" 自此，不同的学者从不同的角度对文化提出了不同的定义。

在现代人类文化学的研究中，面对众说纷纭的局面，美国人类文化学家克罗伯（A. L. Kroner）和克拉克洪（C. Klukhohn）曾在《文化——关于概念和定义的评论》中，对 160 多种定义进行了分析、比较，从而对文化做了这样的界定："文化由外显的和内隐的行为模式构成；这种行为模式通过象征符号获得和传递；文化代表了人类群体的显著成就，包括它们在制造器物中的体现；文化的核心部分是传统的观点，尤其是它所带有的价值；文化体系一方面可以看作活动的产物，另一方面是进一步活动的决定因素。"这一定义强调了文化的两个重要特征：一是群体性，文化总是相对某一特定群体而言的，不同群体有不同的文化，因而才有丰富多彩的文化存在；二是传统观念，即价值系统，这种价值系统将通过群体特有的行为、观念、态度、精神等决定群体的生活（行为）方式。

可以这样说，文化是由于某种因素（居住地域、民族性、职业等）联系起来的各个群体所特有的行为、观念、态度和精神等，也即指各个群体所特有的生活（或行为）方式。①

第二节 深邃的数学文化

如果把人类文化大致分为人文文化和科学文化两类，我们就会发现数学文化的独特之处。数学似可归入科学文化之列，但作为一种工具，数学几乎已渗入所有的自然科学，同时也打进了众多的人文科学；而作为一种对世界的抽象，数学似乎又凌驾于一切人类文化之上。数学有着自己独一无二的世界通用的语言系统，是一种独立文化的重要特征。数学文化已经足以与人类文化的其他方面区别开来，从而形成富有特色的一种人类文化。

数学文化经历了有文献记载的长期发展，已具备了一种自足的、能自我调节的、有着丰富内涵的文化。在人类的文明中，还没有哪一门学科像数学那样，从形成文字符号开始就被准确无误地记录和保存下来。数学，作为一种艺术、方法、思想体系，已经无可争辩地具备了独立的文化特征。然而，它的文化魅力却渗透到各个知识领域。②

一、数学文化的内涵

数学作为一种文化现象，早已是人们的常识。历史地看，古希腊和文艺

---

① 数学课程教材研究开发中心著．数学文化［M］．北京：人民教育出版社，2003：30-32.
② 易南轩．数学美拾趣［M］．北京：科学出版社，2015.

复兴时期的文化名人，往往其本身就是数学家。最著名的如柏拉图和达·芬奇。晚近以来，爱因斯坦、希尔伯特、罗素、冯·诺依曼等文化名人也都是20世纪数学文明的缔造者。

国内最早注意数学文化的学者是北京大学的孙小礼教授，她和邓东皋等合编的《数学与文化》，汇集了一些数学名家的有关论述，也记录了从自然辩证法研究的角度对数学文化的思考。稍后出版的有齐民友的《数学与文化》，主要从非欧几何产生的历史阐述数学的文化价值，特别指出了数学思维的文化意义。郑毓信等著的《数学文化学》一书，特点是用社会建构主义的哲学观，强调“数学共同体”产生的文化效应。

对照文化的定义我们可以认为，数学是人类文化的一部分，数学是一种文化。

一个群体，当他们在从事某项活动时具有共同持有的信念、大家一起遵守的行动规则及公共默认的约定，就说那是一种文化。文化是人为的、群体的、经过历史积淀的。

因为汉民族共同使用方块字，语言雷同，以儒家经典作为共同信念，具有相同社会、家族、家庭的制度，拥有长期积累的文学艺术、科学技术等意识形态及共同的节日、民俗等，所以我们称之为汉文化。如中国的茶文化。中国人在喝茶时，某一个群体对茶的价值具有共同的认识，有相同的关于茶的行动规则，长期地、历史地形成了许多制茶和饮茶的约定，它们的总和就是茶文化。

数学也是如此，作为一种文化，我们可以从数学对象的人为性、数学活动的整体性、数学发展的历史性三个层面进一步加以说明。

首先，数学是人做出来的。数学作为一种量化模式，可以描述客观世界的规律。相对于认识主体而言，它具有客观性，但是数学对象不是物质世界中的真实存在，而是抽象思维的产物。物质世界里并没有自然数系统，更没有无理数这样的物质形态，它们是一种人为约定的规则系统。因此从数学对象的人为性来说，数学就是一种文化。

其次，数学是数学家群体创造并共同遵守的行为系统。所谓文化，实际上是成套的行为系统，其核心由一套传统观念，尤其是价值系统所组成。数学家构成一个特殊的群体——数学共同体，每个数学家都作为其中一员从事自己的研究活动，从而处在一定的数学传统之中。什么是好的数学、正确的数学、有价值的数学，并非一个人说了算，而是由一群人共同建立、认同并遵守的。从数学活动的整体性上来说，数学构成了一种文化。

最后，数学的长期积累形成了自己的传统。文化只能在长期的历史中形成。作为一门有组织的、独立的和理性的学科，数学不管发展到怎样的程度，都离不开历史的积淀，即数学的社会历史性。数学传统的不断演进及数学知识的长期延续，必然形成一种历史特征。这一特点也是数学成为文化的一个重要原因。①

以上的著述，都力图把数学从单纯的逻辑演绎推理的圈子中解放出来，重点是分析数学文明史，充分揭示数学的文化内涵，肯定数学作为文化存在的价值。

但是，“数学文化”至今还没有一个大家公认的、统一的界定。2003 年教育部颁布的数学课程标准中，它首次作为官方用语出现，这之后便广泛地流传开来，时至今日，已有越来越多的人愿意从文化这一角度去关注数学，强调其文化价值。

一般来说，数学文化有广义与狭义之分。广义的数学文化是指数学本身就是一种文化。② 广义的数学文化“是属于科学文化的范畴”，是“以数学科学体系为核心，以数学的思想、精神、知识、方法、技术、理论等所辐射的相关文化领域为有机组成部分的一个具有强大精神与物质功能的动态系统”。③

广义的数学文化是由显性的数学文化和隐性的数学文化两部分构成。显性的数学文化是指数学概念、数学公式与定理、数学方法、数学语言、数学问题等知识性成分；隐性的数学文化是指数学思想、数学精神、数学意识和数学传统等观念性成分。观念性成分一般隐含在知识性成分之中，知识性成分是观念性成分的载体，观念性成分随着知识性成分的传承而传播，随着知识性成分的发展而发展。

狭义的数学文化则专指广义数学文化中的观念性成分，即隐性的数学文化。狭义的数学文化强调的是数学对人们的行为、观念、态度和精神等的影

---

① 宋乃庆，张奠宙．小学数学教育概论［M］．北京：高等教育出版社，200：303.
② 郑毓信，王宪昌，蔡仲．数学文化学［M］．成都：四川教育出版社，2001：17.
③ 黄秦安．数学文化观念下的数学素质教育［J］．天津数学教育学报，2001，10（3）：12.

响。不管人们从事什么工作，深深铭刻在其头脑中的数学思想精神、数学思维方法和看问题的着眼点等，却随时随地发生作用，这种数学素养使人终身受益。

关于"数学文化"，南开大学顾沛教授指出：狭义的解释是指数学的思想、精神、方法、观点、语言及它们的形成和发展；广义的解释则是除这些以外，还包含数学史、数学美、数学教育、数学与人文的交叉、数学与各种文化的关系。

教育部颁发的《普通高中数学课程标准（实验）》（以下简称《课标》）则是从课程的角度提出了对数学文化的认识。全日制义务教育数学课程标准指出："数学是人类的一种文化，它的内容、思想、方法和语言是现代文明的重要组成部分。"①《课标》在其基本理念中也强调指出："数学是人类文化的重要组成部分。数学课程应适当反映数学的历史、应用和发展趋势，注意体现数学的社会需求，数学家的创新精神，数学科学的思想体系，数学的美学价值，以帮助学生了解数学在人类文明发展中的作用，逐步形成正确的数学观，并使之成为正确世界观的组成部分。"可见，《课标》不仅认为数学本身即是一种文化，实际上也指出了数学文化是由知识性成分（数学知识系统）和观念性成分（数学观念系统）所组成，数学文化的教学则是在知识、技能教学的基础上，更强调数学思想、数学创造、数学意识和数学品质及理性精神和科学态度的教学。

有关数学文化的定义和认识，虽然提法不同，但都强调了以下方面：数学文化是对数学知识、技能、观念和素质等的高度概括；数学文化对人们的行为、观念、态度和精神等有着深刻影响，但这种影响却是潜移默化的。数学文化体现着更多的人文精神，它对于提高人的文化修养和个性品质起着重要作用。

由此可以认为，数学文化是指由数学的知识系统和数学的观念系统相互融合的整体，它重在对人们的行为、观念、态度和精神等所产生的长远而深邃的影响。

张恭庆院士指出，数学作为现代理性文化的核心，它提供了一种思维方

① 中华人民共和国教育部．全日制义务教育数学课程标准（实验稿）[M]．北京：北京师范大学出版社，2001.

式。这种思维方式包括：抽象化、运用符号、建立模型、逻辑分析、推理、计算；不断地改进、推广；更深入地洞察内在的联系，在更大范围内进行概括；建立更为一般的统一理论等一整套严谨的、行之有效的科学方法。按照这种思维方式，数学使各门学科的理论知识更加系统化、逻辑化。

数学作为一种文化，它的特点在于：

追求一种完全确定的、完全可靠的知识。在数学上是非分明，没有模棱两可。即使对于“偶然”发生的随机现象，对于“不确定”的事件，也要提出精确的概念和研究方法，确切回答某个事件发生的概率是多少，在什么确切的范围以内等。

追求更深层次的、更为简单的、超出人类感官的基本规律。数学家们把原始的来自实际的问题，经过层层抽象，在抽象的、仍然是客观事物真实反映的更深层次上来考察、研究其内在规律。

它不仅研究宇宙的规律，而且也研究它自己。特别是研究自身的局限性，并在不断否定自身中达到新的高度。由此可见，数学文化是一种非常实事求是的文化，它体现了一种真正的探索精神，一种毫不保守的创新精神。①

二、数学文化特征、价值与形态

（一）数学文化特征

关于数学文化的特征，见仁见智。如有数学教育研究者认为，由于数学无处不在，数学文化就具有了多元的文化特征，具体表现在：

1. 传统性

不同的国家有不同的文化背景，数学文化保持了传统数学的文化特征，如古希腊的数学和中国古代数学都有辉煌的成就，但它们之间有着明显的差异。严谨的逻辑性是古希腊数学文化的显著特征，如《几何原本》；实用是中国古代数学文化的基本特征，如《九章算术》。

2. 渗透性

数学文化作为一种基本的精神价值体系，深刻地改变着人们的基本价值

---

① 张恭庆．数学与国家实力——关于数学的意义 EB/OL. http：//www.360doc.com/content/15/1012/00/14075207_ 505000045.shtml.

观，这也使数学文化具有高度的渗透性。数学文化的渗透性有内在和外在两种形式，其内在方式表现为数学的理性精神对人类思维的深刻渗透力，其外在形式表现在数学的应用范围日益扩大。马克思曾说过：“一种科学只有在成功地运用数学时，才算真正达到完善的地步。”

3. 哲学性

数学文化的哲学性体现在两个方面：一方面，数学的重大思想方法都会反映在某个哲学范畴或基本矛盾的数量方面；另一方面，数学为我们更好地理解哲学问题提供了有力的工具。数学家 B. Demollins 指出：“没有数学，人们无法看穿哲学的深度；没有哲学，人们也无法看穿数学的深度；若没有了两者，人们就什么也看不透。”

4. 美学性

美有两条标准：一切绝妙的美都显示出奇异的均衡关系（培根）；美是各部分之间及各部分与整体之间固有的和谐（海森堡）。这是科学和艺术共同追求的东西，数学美的表现形式是多种多样的。从外在形象观赏有体系之美、概念之美、公式之美、语言之美。从思维方式上看有严谨之美、抽象之美、类比之美、直觉之美。从内容上看有对称之美、简洁之美、奇异之美、和谐之美。数学文化的美学特征构成了数学文化的重要内容，同时，对数学文化的审美追求是数学不断发展的动力。

5. 自我完善性

H. Handel 认为：“在大多数科学里，一代人要推倒另一代所修筑的东西，只有数学，每一代人都能在旧建筑上增添一层楼。”数学几千年的文化发展历程充分说明了这一点，如数系的扩充：数域的第一次扩充确定了自然数的范围；第二次扩充是在自然数中添加了正分数，组成了非负有理数集合；第三次在非负有理数集合中添加了负有理数，组成了有理数的集合；第四次在有理数集合中添加了无理数，组成了实数集合；第五次在实数集合中添加了虚数，组成了复数集合。以上每次数域的扩充，都面临着人们对数及数的运算世界的不断认识和探索过程，是随着数学本源发展需要而不断完善的。

《普通高中数学课程标准（实验）》认为：“数学的抽象性和形式化的特点是数学文化的重要特征；数学的严密性也是数学具有很强文化性的重要特

征；数学在应用方面的广泛性是数学文化的重要特征。”①

齐民友教授认为，数学文化的特征包括：其一，它追求一种完全确定、完全可靠的知识；其二，它不断追求最简单、最深层次的，超出人类感官所能及的宇宙的根本；其三，它不仅研究宇宙的规律，也研究自己本身。②

（二）数学的文化价值

《普通高中数学课程标准（实验）》解读中指出：“一般说来，数学文化表现为在数学的起源、发展、完善和应用的过程中体现出的对于人类发展具有重大影响的方面。它既包括对于人的观念、思想和思维方式的一种潜移默化的作用，对于人的思维的训练功能和发展人的创造性思维的功能，也包括在人类认识和发展数学的过程中体现出来的探索和进取的精神和所能达到的崇高境界等。”③ 数学文化的价值主要在于数学对于人们观念、精神及思维方式的养成所具有的重要影响。它具有独特的科学和人文教育价值。

数学作为一种“看不见的文化”，其文化价值主要是指数学对人们观念、精神及思维方式的养成所起的重要作用。主要表现在④：

1. 数学对于人类理性精神的养成与发展具有特别重要的意义

理性的精神被看成人类文明，特别是西方文明的核心所在。克莱因（M. Kline）指出：“在最广泛的意义上说，数学是一种精神，一种理性精神。正是这种精神，激发、促进、鼓舞并驱使人类的思维得以运用到最完善的程度，亦正是这种精神，试图决定性地影响人类的物质、道德和社会生活；试图回答有关人类对自身存在提出的问题；努力去理解和控制自然；尽力去探索和确立已经获得知识的最深刻的和最完美的内涵。”

2. 数学作为一种文化具有独特的教化功能

它不仅具有传承知识的功能，还具有教化人的功能。从数学的探索、论证、发展等方面，可以充分体验数学家优良的精神品质及数学内容中所折射

---

① 数学课程标准研制组．普通高中数学课程标准（实验）解读［M］．南京：江苏教育出版社，2004.

② 齐民友．数学与文化［M］．长沙：湖南教育出版社，1991.

③ 数学课程标准研制组．普通高中数学课程标准（实验）解读［M］．南京：江苏教育出版社，2004.

④ 数学课程教材研究开发中心．数学文化［M］．北京：人民教育出版社，2004. 42-45

的一些社会优良品德。

3. 数学有着重要的思维训练功能

由于数学并非对于客观事物或现象量性特性的直接研究，而是通过相对独立的“模式”的建构，并以此为直接对象来从事研究，因此，作为“模式的科学”，数学对于人们抽象思维能力的培养有着特别的重要性。

4. 数学对于创造性思维发展具有重要的作用

由于数学的研究对象并不一定具有明显的直观背景，而是各种可能的量化模式，因此，这也就为人们创造性才能的充分发挥提供了最为理想的场所。特殊地，这显然也就是美学的因素在数学研究中占有特别重要位置的一个直接原因。

关于数学文化的意义，齐民友先生有以下综述①：

数学是一株参天大树，它向天空伸出自己的枝叶，吸收阳光。它不断扩展自己的领地，在它的树干上有越来越多的鸟巢，它为越来越多的学科提供支持，也从越来越多的学科中汲取营养。它又把自己的根伸向越来越深的理性思维的土地中，使它越来越牢固地站立。

数学作为文化的一部分，其最根本的特征是它表达了一种探索精神。历史已经证明，而且将继续证明，一种没有相当发达的数学的文化是注定要衰落的，一个不掌握数学作为一种文化的民族也是注定要衰落的。

（三）数学文化的形态

关于数学文化的形态，学者们见仁见智。有研究者对其进行了如下划分，即数学文化的学术形态、数学文化的课程形态和数学文化的教育形态。② 也有学者将其分为纯粹数学形态、学校数学形态、应用数学形态和民族数学形态。③

1. 数学文化的学术形态

数学文化的知识形态，它是数学文化以知识的方式存在于数学文化著作或学者们的论文之中的。其主要内容为数学文化的内涵、特征；数学文化的

---

① 齐民友．数学与文化［M］．长沙：湖南教育出版社，1991.

② 王富英，马岷兴．数学文化教育及其结构［J］．数学通报，2008，47（7）．

③ 代钦．释数学文化［J］．数学通报，2013，53（4）．

价值与作用；数学的文化观；东西方数学文化的比较；数学文化史；数学文化与社会文化和一般文化之间的关系等。

2. 数学文化的课程形态

将数学文化的内容有机地融入数学课程之中，使其成为数学课程的有机组成部分。它是课程制定者从数学教育和文化教育的角度出发，遵循学生的认知规律，用通俗的语言、生动形象的表达方式，将数学的内容、思想、方法、语言和数学的学术价值、社会价值、教育价值与人文价值进行整合，并有机地融入课程标准、教材及相应的教辅音像等课程资源之中。

数学文化的课程形态包括数学史的知识；反映数学的求真、求善、求美、智慧、创新、理智、勤奋、自强、理性、探索精神等故事；反映数学重要概念的产生、发展过程及其本质；数学的应用及重要数学概念、数学思想、数学方法等介绍，如对称、主观与理性、函数概念、时间与空间、小概率事件等；数学的思维和处理问题的方式；数学科学对人类社会和经济发展的巨大作用的体现等。①

数学文化的课程形态具有数学文化的特征，此外还具有课程化的特征、直接反映数学本质的特征、多元化的特征和便于学习者体验的特征。

数学文化的课程形态为数学文化走进课堂和实现数学文化的价值奠定了基础，是数学文化的知识形态转变为教育形态的中介和桥梁，是实施数学文化教育的关键环节。

目前，数学文化的部分内容进入了我国数学课程标准和实验教材，反映了数学文化研究的部分成果，数学文化已进入课程形态，从操作实践的层面为实施数学文化教育奠定了基础。

3. 数学文化的教育形态

存在于数学教育形态中的数学文化，即教育形态的数学文化。数学文化的教育形态是运用教育学的方式加工了的，易被学生体验、感悟和接受的数学文化，是活化了的数学文化。学生处于数学文化的教育形态，能充分感受和体验到数学文化的魅力和数学的博大精深，能自觉地接受数学文化的感染和熏陶，产生文化的共鸣，体会到数学文化的品位和数学的人文精神。数学

---

① 郭湛．文化：人为的程序和为人的取向［J］．中国人民大学学报，2005，(4) 27.

文化的教育形态具有生动、鲜活、科学化与人文化的特征。

数学文化教育从根本上说就是数学教育的关注点，数学文化教育的内容不仅是数学知识，而且是包括数学知识在内的整个数学文化。数学文化教育不再以数学知识为中心、以数学知识为本，而是以人为中心、以人为本，它不再仅仅让学生是现有知识的接受者，更是知识的创造者。

数学文化教育中，并不是要排斥数学知识。没有知识内容，数学教学就是无米之炊。但是，这里的知识不再是切断文化命脉的知识，那种机械的、枯燥的、刻板的知识在数学教育中一去不复返。这里的知识是富有文化内涵，充满文化精神的知识，那种生动的、活泼的、鲜活的知识在数学教育中处处可见，在数学文化教育面前，关于数学教育目的的提法，从“双基”，到能力，再到素质，都显得那么苍白和空洞。数学文化教育，不仅包括知识、技能、能力的教育，更重要的是还包括了数学思想方法、数学精神、数学理性、数学品质的教育。知识、技能和方法的传授是在数学文化熏陶中进行的，完全摒弃了把数学当成单纯的科学工具、学科形态的数学教育观，把弘扬数学精神、培养良好的数学思维习惯，养成良好的数学素质放在首位，让数学精神、数学思维、研究方法、推理方法深深地铭刻于学生的头脑之中。

数学文化教育中，教师不再仅是数学知识的传授者，更是数学文化的传播者。数学文化推崇的是理性精神和人文关怀的文化教育观，把育人放在首位。教师角色也发生了重大变化，不再只是一心只教“圣贤书”的“教书匠”，而是既教书又育人的教育者，真正实现“教育家办教育”的宏伟蓝图。

数学文化教育中，学生不再是只会读书的“书呆子”，也不再是“两耳不闻窗外事，一心只读圣贤书”般难觅踪迹。学生不仅学会了读书，还学会了做人，并且是做富有激情、理性和责任的人。因为通过数学文化教育，学生不但掌握了数学知识，而且通过数学文化的熏陶，学生学会了伟人是怎样创造的，学会了伟人是如何做人的。①

正如 A. N. 怀特海指出的：“人类的智力能从实例中抽象出某一类东西来。人类这个特性的最明显的表现就是数学概念和善的理想。”②

总之，当数学文化的魅力真正渗入教材、到达课堂、融入教学时，数学

---

① 胡典顺．从数学知识教育到数学文化教育［J］．西安：中学数学教学参考，2008（6）：1-3.

② 邓东皋，孙小礼，张祖贵编．数学与文化教育［M］．北京：北京大学出版社，1990：7

就会更加平易近人，数学教育就会通过文化层面让学生进一步理解数学、喜欢数学、热爱数学。①

（四）数学与数学文化的关系

数学按其所涉及的领域，可分为“作为一门具有严密逻辑结构的科学体系的数学；自然科学和工程技术中所需要的数学，其主体是应用数学；社会科学领域中的数学；社会生活中人人需要的数学——大众数学”四个基本层面。②

丁石孙教授指出：“我们长期以来不仅没有认识到数学的文化教育功能，甚至不了解数学是一种文化……这种状况在相当程度上影响了数学研究和数学教学。”事实上，“中学数学课程并不是针对任何专门技术训练而开设的，它是公共文化的一部分”。③

巴西学者 D. Ambrosio 指出：“在上学以前和学校以外，世界上几乎所有儿童都发展了一定的应用数和量的能力以及一定的推理能力，然而，所有这些‘自发的’数学能力在进入学校以后都被‘所学到的数学能力’完全取代了。”他还进一步指出，尽管儿童们所面临的是同样的事物和需要，但他们却被要求使用一种全新的方法。这事实上就在这些儿童的心中造成了一种心理障碍，后者直接阻碍了他们对于学校数学的学习。更有甚者，这种早期的数学学习很容易使学生丧失自信心，从而对其一生产生严重的消极影响。这就不能不说成一种真正的失败。④

美国学者 Bidwell，也曾给传统的数学课堂做了这样的比喻：坐在课堂里，我们学习数学就好像置身于一个孤岛上似的。每天去岛上，埋头钻进一个纯粹的、洁净的、逻辑上可靠的、只有清晰线条而没有肮脏角落的书房。学生觉得数学是封闭的、呆板的、冰冷无情的、一切都已发现好了的。这就是 Bidwell 所说的孤岛上的数学，这种现象在数学教学中并不少见。如何摆脱这种困窘呢？Bidwell 进一步指出，在数学教学中融入数学史，可以将学生从数

---

① 宋乃庆，张奠宙．小学数学教育概论［M］．北京：高等教育出版社，2008：311.

② 课程教材研究所数学课程教材研究开发中心著．数学文化［M］．北京：人民教育出版社，2003：50.

③ 丁石孙，张祖贵．数学与教育［M］．长沙：湖南教育出版社，1989.

④ 郑毓信．民俗数学与数学教育［J］．贵州师范大学学报：自然科学版，1999，17（4）：90-95.

学的“孤岛”上挽救出来，并将他们安置于一个生机勃勃的“新大陆”上，这个“新大陆”包含了开放的、生动活泼的、充满人情味的并且总是饶有趣味的数学。①

1. 数学是什么？

恩格斯的数学定义：数学是研究现实世界中的数量关系与空间形式的一门科学。

高中数学新课程标准中关于数学的定义：研究空间形式和数量关系的科学，是刻画自然规律和社会规律的科学语言和有效工具。

美国 R. 柯朗：“数学，作为人类智慧的一种表达形式，反映生动活泼的意念、深入细致的思考及完美和谐的愿望，它的基础是逻辑和直觉、分析和推理、共性和个性。”

徐利治教授：数学是“实在世界的最一般的量与空间形式的科学，同时又作为实在世界中最具有特殊性、实践性及多样性的量与空间形式的科学”。

法国 E. 波莱尔：“数学是我们确切知道我们在说什么，并肯定我们说的是否对的唯一的一门科学。”

英国伯特兰·罗素：“数学是所有形如 p 蕴涵 q 的命题的类”，而最前面的命题 p 是否对，却无法判断。因此，“数学是我们永远不知道我们在说什么，也不知道我们说的是否对的一门学科”。

关于数学是什么还有以下说法：

（1）哲学说：数学是一种哲学，哲学说来自古希腊，代表人物有亚里士多德（前 384—前 322）、欧几里得等人。亚里士多德曾说：“新的思想家把数学和哲学看作相同的。”的确，古希腊的许多数学家也同时是哲学家。

牛顿在《自然哲学之数学原理》的序言中指出，他把这本书“作为哲学的数学原理的著作”，“在哲学范围内尽量把数学问题呈现出来”。这也可以看作数学的哲学说。

（2）符号说：数学是一种高级语言，是符号的世界。

（3）科学说：数学是精密的科学，“数学是科学的皇后”。

（4）工具说：“数学是其他所有知识工具的源泉。”

---

① Bidwell, J. K. Humanize Your Classroom with the History of Mathematics［J］. Mathematics Teacher, 1993, 86（6）: 461-464.

（5）逻辑说：数学推理依靠逻辑，“数学为其证明所具有的逻辑性而骄傲”。

（6）创新说：数学是一种创新，如发现无理数，提出微积分，创立非欧几何。

（7）直觉说：数学的基础是人的直觉，数学主要是由那些直觉能力强的人们推进的。

（8）集合说：数学各个分支的内容都可以用集合论的语言表述。

（9）结构说（关系说）：强调数学语言、符号的结构方面及联系方面，“数学是一种关系学”。

（10）活动说：“数学是人类最重要的活动之一。”

（11）模型说：数学就是研究各种形式的模型，如微积分是物体运动的模型，概率论是偶然与必然现象的模型，欧氏几何是现实空间的模型，非欧几何是非欧空间的模型。

（12）精神说：“数学不仅是一种技巧，更是一种精神，特别是理性的精神。”

（13）审美说：“数学家无论是选择题材还是判断能否成功的标准，主要是美学的原则。”

（14）艺术说：“数学是一门艺术。”

（15）万物皆数说：数的规律是世界的根本规律，一切都可以归结为整数与整数比。

数学的特点

抽象性	精确性	应用的广泛性
数学的研究对象本身就是抽象的；在数学的抽象中只保留量的关系和空间形式而舍弃了其他一切；数学的抽象是一级一级逐步提高的，它们所达到的抽象程度大大超过了其他学科中的抽象；核心数学主要处理抽象概念和它们的相互关系	表现在数学推理的严格和数学结论的确定两方面。数学科学是依靠逻辑推理展开的，而逻辑推理的严格性是大家公认的。所以，只要数学推理的前提是正确的，推理的过程又没有错误，那么得到的数学结论一定是确定无疑的	数学高度抽象性，带来应用极其广泛性。事物越抽象，其外延就越广泛，凡是出现“量”的关系的地方就少不了用数学，研究量的关系，量的变化，量的变化关系，量的关系的变化等现象都少不了数学

数学文化特指意识形态中的数学的方法、思想、精神、观念等，而不仅包括数学知识。这样就可以认为数学主要由数学知识与数学文化构成，数学知识主要是指数学中的公式、公理、法则等，它们以能够看得见的物质形式表现数学，数学文化以隐性的方式反映数学。

从下图可以看出数学文化受数学及文化的共同影响，而这两者又都具有复杂性的特点，因而数学文化也就具有错综复杂的特点。我国著名科学家钱学森主张把极其复杂的研究对象称为“系统”。系统是由相互依存和相互作用的若干要素组成的、具有确定功能和层次结构的有机整体。文化就形成一个系统。从数学文化在文化系统的层次来看，文化处于最高层次，而数学处于次高层次，数学知识与数学文化是数学的两个主要方面。

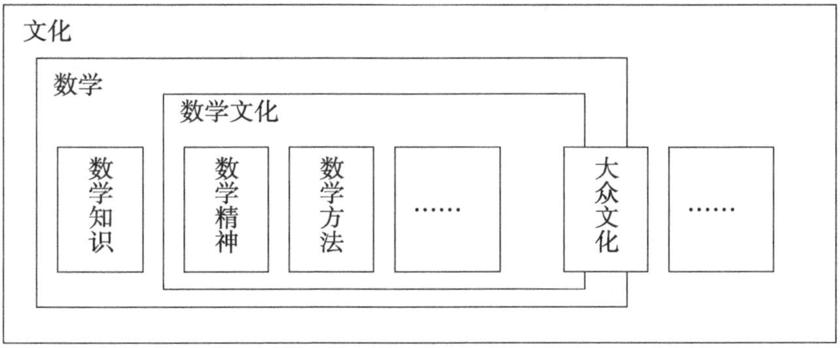

文化—数学—数学文化关系图

数学文化与数学之间的关系是部分与整体的关系，是水与源、木与本的关系，数学文化的发展离不开数学的发展。但数学文化又具有子系统的特点，因而一旦形成，便有自己的存在和发展规律。如数学往往给人一种物质的现象（这主要是人们将数学仅看成数学知识），而数学文化却完全是一种非物质的现象。这也就意味着数学的发展并不能自然带动数学文化的普及。同样在一定的时期，数学研究者对数学的创造有时也不依赖数学文化的普及。因而数学文化与数学具有联系，又具有相互独立性。理解这一点，也就可以解释在数学突飞猛进发展的当代，却普遍存在社会文化中数学文化的缺失现象。然而依据辩证法中层次结构因果关系理论，数学文化作为原因可以放在数学中产生结果，因而数学文化的缺失现象终将阻碍数学的发展，数学离开了数学文化的支撑，其研究就缺乏了源泉，从而导致数学研究的枯竭，中国数学发展的历史已经表明了这一点。也就是说，没有数学文化的支撑，数学将会因为缺乏驱动力而陷入困境。

数学的两个主要方面数学知识与数学文化处于系统的同一层次，具有相互独立又相互渗透的特点。从思维的辩证关系角度可以认为，对数学知识的认识是知性思维，而对数学文化的认识是理性思维。数学知识主要产生于数学研究之中，数学文化却来源于人们对数学的理解和应用的过程。因而，对于数学文化的认识需要在对数学知识的认识基础上，产生思维的飞跃。数学知识与数学文化虽然都属于数学这一整体系统，但由于各自又构成子系统而具有不同的属性，这就使数学知识在一定的发展时期可以不依赖于外部环境，只依赖自身的内部因素，表现出相对封闭性的特点。数学文化由于直接作用于人的思维，与人的行为相联系，因而始终具有开放性，也就是说数学文化的发展始终依赖外部环境状况。

数学知识的客观性一面和数学文化的人文性一面共同构成数学，根据系统的协调适应原则，只有数学知识和数学文化的协调发展才能促进数学的更好发展，也才能发挥好数学的整体功能。对任何一方面的忽视或夸大，都将导致对数学认识的片面性。由于数学知识具有的物质性，使人们比较容易认识，因而人们只将数学知识作为数学而忽视数学文化也就可以理解了。但可以理解并不意味着是合理的。①

2. “数学文化”一词的使用

该词使用已有二三十年。在中国，较早使用的是1990年邓东皋、孙小礼等人编写的《数学与文化》及齐民友的《数学与文化》。这个词的使用频率近年大大增加，说明它是有生命力的，许多人为着某种需要更愿意从文化这一角度来关注数学，更愿意强调数学的文化价值。

教育部颁布的《普通高中数学课程标准（实验）》中使用“数学文化”一词，说明“数学文化”一词已经在文件中正式使用。

3. 数学文化选修课的开设

全国高校开设“数学文化”课程最早的是1990年黄力民教授在湘潭开设

---

① 刘咏梅．数学教学论［M］．北京：高等教育出版社，2008：347-348.

的“数学文化”课程，但因随后调动工作而终止了。

2001年南开大学开设“数学文化”课；2003年南开大学、天津大学、天津师范大学三所高校联合举办“数学文化展示月”活动，使“数学文化”一词成为大学生素质教育活动的一个主题；2002年，在北京国际数学家大会期间，陈省身先生为中国少年数学论坛活动题词“数学好玩”，鼓励青少年喜欢数学、学好数学。数学是文化，数学的精神、思想、方法等具有极高的科学与人文教育价值。当今数学文化课的兴起，恰好适应了时代要求，它有利于培养出思想解放、精神独立、科学与人文素质兼备的创新人才，数学文化必将极大地推进科学与人文的融合。

第三节　数学教学中渗透数学文化的意义

一般而言，数学教师在授课过程中，开展数学文化的渗透教学，具有如下现实意义。

一、帮助学生认识数学、理解数学

把数学看作一种文化，把数学文化呈现在学生面前，把数学文化传递给学生，让学生感受数学文化，有助于学生进一步认识数学、理解数学。从数学文化的角度出发，数学教育是数学文化的教育。传统意义上的数学教育向学生传授数学的知识和技能，让学生掌握数学的概念、命题、思想和方法。然而，“数学是什么”“为什么要学数学”“数学有什么用”等问题的答案在学生头脑中非常模糊，数学的文化价值被大大忽略。在推崇科学与人文的统一，推崇文理交融的今天，应转变观念，将数学教育提升到数学文化的教育这一层面。把数学的源流，数学在生活中的广泛应用，数学与音乐、美术、建筑的联系等展现在学生面前，让每个学生深刻地理解数学，觉得数学是有趣的、有用的，虽然感到数学有时是难学的，但又对学好数学充满信心。

二、培养学生的学习兴趣，提高数学素养

学习数学，就应该认识数学并能够用数学的方式思考。认识数学的起源、发展、应用，与其他学科的联系以及它在人类历史发展和文化进步过程中所

起的作用。“数学地”思维，就是用数学的眼光看问题，用数学的思想方法解决问题。能够认识、理解数学，就可以进一步去欣赏数学。数学不再是枯燥乏味的，不再是呆板无用的。学生对数学学习产生浓厚的兴趣，带着兴趣学习数学，数学学习的过程就不再是痛苦的跋涉，而是流汗的攀登、快乐而激动的探险历程。

数学素养是学生在数学学习中形成的，它将科学主义和人文主义相融合，不仅使学生获得知识，而且使人的品德行为全面发展。美国 NCTM 1989 年数学课程标准对数学素养具体提出五项目标：懂得数学的价值，即懂得数学在文化中的地位和社会生活中的作用；对自己的数学能力有信心；有解决现实数学问题的能力；学会数学交流，会读数学、书写数学和讨论数学；学会数学的思想方法。数学本身的特点会使学生受到优良品质的熏陶，以提高数学素养，甚至综合素质。例如，把问题数学化，可以提高分析和解决实际问题的能力，培养学生具有思维的逻辑性和方法的灵活性，形成良好的思维品质。数学史上探索精神和思想方法对学生的熏陶会影响人的一生，使其受益终生。

三、认识数学文化的民族性和世界性

每个民族都有自己的文化，也就一定有属于这个文化的数学。以古希腊为代表的西方数学和中国的传统数学都有辉煌的成就和优秀的传统，但它们之间又有着明显的差异。古希腊和古代中国的不同政治文明孕育了不同的数学。古希腊的文化追求精神上的享受，以获得对大自然的理解作为最高目标；而中国强调实用的管理数学，在算法上得到了长足的发展。应当充分重视中国传统数学中的实用与算法的传统，同时又必须吸收人类一切有益的数学创造。

我们要融入世界数学文化，将民族性和世界性有机地结合起来。通过展示数学家的感人事迹以及我国古代数学的辉煌成就，来培养学生对数学的兴趣及爱国主义精神，增强民族自豪感和责任感；同时，通过不同时空数学思想的对比，引导学生尊重、分享、欣赏、理解其他文化下的数学，拓宽学生的视野，加深对数学知识的理解，学会欣赏其他文化下的数学，培养开放的心灵。对不同时期、不同地域数学思想方法的比较，使学生明白数学并不只属于某个民族、某种文化，而包含各种文化根源的数学可以使学生形成丰富的体验，了解其他文化对数学发展所做的伟大贡献。

四、感受科学与人文的整合

数学在创造物质文明的同时也在创造着精神文明；数学在追求真理与理性的同时也在追求个人及人类自身的发展与进步；数学在服务生活、开发自然的同时解放人性、肯定人的价值。事实上，科学精神也并非只是自然科学的精神，而是整个人类文化精神的不可缺少的组成部分。它同艺术精神、道德精神等其他人文精神不仅在追求真善美的最高境界上是相通的，而且不可分割地融合在一起。可以说，有些精神（例如创新精神）既是科学精神又是艺术精神，有些精神（为人类服务）既是科学精神又是道德精神。因此，在科学精神与人文精神截然区分开来并且对立起来的观点是根本站不住脚的。

数学的人文教育价值是指数学教育对培养与形成学生的人文精神的意义与作用。数学文化及数学文化的教育，将科学素质教育与人文素质教育很好地整合起来，使数学教育也成为人文素质的教育，并使其内化为人的人格、气质、修养，成为人的相对稳定的，也是终身的内外品质。这有助于我们在数学教育中沟通科学与文化，关注数学教育过程中的人文关怀，使我们的数学教育成为包括人文精神教育在内的完整的数学教育。

此外，在数学教育中进行品德教育也是数学教育应承担的任务之一。这方面的内容有爱国主义教育，辩证唯物主义教育，数学学习的目的、兴趣、毅力、信心、习惯的教育，科学态度、独立思考、创新精神的教育及数学美的教育等。仅仅依靠数学知识的教学是无法实现的，而把数学作为一种文化，在更广泛的范围内实施数学教育有助于实现这些内容。

总之，当数学文化的魅力真正渗入教材、到达课堂、融入教学时，数学就会更加平易近人，数学教育就会通过文化层面让学生进一步理解数学、喜欢数学、热爱数学。①

数学文化在数学教育中实施的意义在于：可以丰富数学教育的内涵；可以作为数学知识的载体；可以作为感性认识到理性认识的桥梁。数学文化作为人类基本的文化活动之一，是与人类整体文化密切联系的。它“向我们展

---

① 宋乃庆，张奠宙．小学数学教育概论［M］．北京：高等教育出版社，2008：309-311.

示的不仅是一门知识体系，一种科学语言，一种技术工具，而且还是一种思想方法、一种理性化的思维范式和认识模式，一种具有新的美学维度的精神空间，一种充满人类创造力和想象力的文化境界。因此数学文化具有重要的教育价值”。①

数学本身就是一种文化，学习数学就是学习数学文化。

从少数民族数学文化视角来看，少数民族地区的基础教育的数学课堂中，教师进行少数民族数学文化的渗透教学，除了上述四个方面的意义外，还有如下几个方面的作用②：

其一，有利于培养和提高民族儿童的数学思维能力。对民族儿童来说，他们在正规的学校教育之前的数学感知来自本民族的社会环境、家庭教育和生活熏陶，自然带来浓郁的民族文化色彩。譬如，对数的认识，汉族儿童都能借助于苹果、皮球等物，而藏族儿童可能借助于草原上的马、牛；对几何图形的认识，汉族儿童可能由电视机、自行车、汽车、模具而知，而藏族儿童可能由毡房、塔寺庙宇而知。这样，在民族儿童进入学校教育后，以民族数学为素材进行数学教学，就会使材料的形式与学前的感知相适应，其数学思维就能得以顺利的延续、过渡。反之，在学校数学教育中，抛开原有的民族数学，代之以与民族文化背景迥异的数学模式，可能会阻碍民族儿童数学思维的发展。在儿童学习的过程中，体验是一个必要条件。对民族儿童而言，若使用异化的数学模式、数学材料进行数学教学，会使学习的概念与儿童的体验脱节。

其二，有益于改进现代民族教育。发展教育，尤其民族教育始终是个难点。要改变民族教育的被动局面，缓和甚至消除现代民族教育与民族文化的矛盾，一个有力的举措就是在民族教育中引入与民族传统生产、生活相适应的具有民族文化特征的教育内容。其中最切实可行的就是在民族数学教育中引入民族数学。比如在藏族的数学教育中适度引入藏历天文知识，使民族学生在领略民族文化精要的同时，学数学，强思维，既可达到教育的目标，又可满足民族心理和社会的需求。

---

① 黄友初．数学文化与数学教育之研究［J］．数学通报．2009，48（5）．

② 孙杰远．试论民族数学的数学教育价值［J］．西北师范大学学报：自然科学版．1994，（1）：99-102.

其三，有助于传播民族数学的精髓，推动数学的发展进程。若没有对民族数学的教育，那些原本属于各民族的而且至今仍然为各民族引以为自豪的数学成就便难以被传承，被世人所了解，也难以被上升为世界数学。就数学的思想方法而言，任何民族的数学都有其精髓，有其值得借鉴之处。民族数学的教育还可以促进民族儿童整体的和谐发展和个性完美，强化民族自豪感、自信心及归属意识。

思考题

1. 有关数学文化的定义和认识方面，强调了哪些共性？

2. 数学文化的形态有哪些表现？

3. 数学文化在数学教育中实施有哪些现实意义，它通过什么方式对人们的行为、观念、态度和精神产生影响？

第三章　数学文化中的美

日本数学家米山国藏认为，不论是艺术家、科学家还是数学家，如果把他们的根本素质看成建立在一致的感情和直觉基础上的东西，那么，他们的创造素质是一致的。感受到自然界和人类的美，并用美的语言去讴歌她，这就是诗歌；用美的色彩和形态去表达她，这就是绘画和雕刻；而感受到存在于数和图形间的美，并以理智的引导、证明去表现她，这就是数学。只是由于时间和环境的因素，造成了他们在不同的方向上取得成就。这样，我们就不难理解数学家头脑中所产生出来的“奇物不凡”的数学成果，本身就是散发着浓郁芳香的艺术品。

美国著名数学家克莱因说：“音乐能激发或抚慰情怀，绘画能使人赏心悦目，诗歌能动人心弦，哲学能使人获得智慧，科技可以改善物质生活，而数学却能提供以上的一切。”①

数学文化则向人们展示了数学极富魅力的一面。它不是以往数学课上的定理、法则、公式、性质、计算等具体的数学知识内容，而是以它为载体的数学的方法、思想和精神。2000 年在日本东京召开的第九届国际数学教育大会开幕式上，主席宣读了美国总统克林顿的贺词：“数学是人类文化的中心部分之一，它在社会上、科学上被广泛应用，它的思想方法威力无穷，美不胜收。”

郑毓信等学者指出②，数学家们关于数学美的感受的确带有强烈的感情色彩。罗素等人把数学美分别称为“冷而严肃的美”及“干涩美”。尽管不同的个体对于数学的美可能有着不同的感受，但是从整体上说，数学美又不是什么虚无缥缈的东西，也不是某种纯粹主观、不可捉摸的东西，而是有着较为确定的客观的内容。特别是从历史的角度看，“对称美”“简单美”“奇异

① 易南轩．数学美拾趣［M］．北京：科学出版社，2015.

② 郑毓信，王宪昌，蔡仲．数学文化学［M］．成都：四川教育出版社，2000：83.

美”可被看成数学美的主要内容。

客观事物外形的对称的美感为人们所叹为观止（如图 3-1 至图 3-8）。

图 3-1　傣族风格的门

图 3-2　傣族风格建筑

图 3-3　阿昌族的青龙白象雕塑

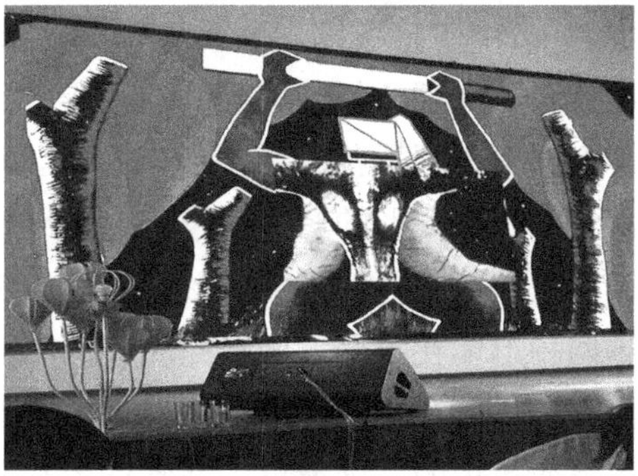

图 3-4　景颇族特色牛头图

图 3-5　景颇族的目瑙示栋

图 3-6　芒市机场的孔雀迎宾门

图 3-7　德宏芒市广场北门

图 3-8　树叶

数学美学中的对称美，并不局限于客观事物外形的对称。正如魏尔所说："对称是一种思想。多少世纪以来，人们希望借助它解释和创造秩序、美和完善。"数学中的对称主要就是一种思想，它着重追求的是数学对象乃至整个数学体系的合理、匀称与协调。数学概念、公式、运算、方程式、结论甚至数学方法中，都蕴含着奇妙的对称性。毕达哥拉斯学派非常重视对称性。他们认为，一个图形的对称性越多，图形越完善。他们指出："一切立体图形中最美的是球形，一切平面图形中最美的是圆形。"这是因为从对称性看，球和圆这两种形体在各个方面都是对称的。①

数学的深刻之美，突出显示了它作为科学与人文的纽带作用。"美"是艺术家所追求的一种境界，通常认为它属于人文。"美"也是科学与数学中公认的一种评价标准。庞加莱（H. Poincaré）曾说："科学家研究自然是因为他爱自然，他之所以爱自然，是因为自然是美好的。如果自然不美，就不值得理解，如果自然不值得理解，生活就毫无意义。当然，这里所说的美，不是那种激发感观的美，也不是质地美和表现美……我说的是各部分之间有和谐秩序的深刻美，是人的纯洁心智所能掌握的美。"严加安院士认为："科学和艺术的最主要的共性，是追求一种普遍性和永恒性，在创作中追求'真'和'美'。科学求'真'，艺术求'美'，同时，'科学求美'，'艺术求真'。"希腊箴言："美是真理的光辉。"真理往往是隐藏在事物后面的，是看不见的，

① 课程教材研究所数学课程教材研究开发中心著．数学文化［M］．北京：人民教育出版社，2003：190.

但是它发出的光辉是美的，所以你通过美的光辉可以窥探它背后隐藏的真理。南开大学顾沛教授在“第二届全国高校数学文化课程建设研讨会”的主题报告中提出：数学的美在于数学思想深刻之美。数学不仅有对称美、奇异美等感官美，更重要的是数学的深刻之美。数学的思想、方法、结果是事物的共同本质的反映，因此是最深刻的。深刻是科学的灵魂，美是人文的精髓。数学的深刻之美，一端连着科学，一端连着人文。①

正如有数学教育研究者提出的数学美的表现形式是多种多样的。从外在形象观赏有体系之美、概念之美、公式之美；从思维方式上看有严谨之美、抽象之美、类比之美；从内容上看有对称之美、简洁之美、奇异之美、和谐之美，数学文化的美学特征构成了数学文化的重要内容。下面我们从不同角度领略数学文化的美。

第一节 数学文化中的美

“9 对 3 说，我除了你，还是你；4 对 2 说，我除了 2 还是 2；1 对 0 说，我除了你，一切都没有意义；0 对 1 说，我除了你，就是孤独的自己。”我想数学是浪漫的，它比任何东西都完美，因为它推理考证，真实严谨，从不说谎。

数学从表面上看是枯燥无味的，然而却有着一种隐蔽的、深邃的美，一种感性与理性相融的美。数学文化是数学科学本质力量的感性与理性的呈现，是人的本质力量通过人的数学思维结构的呈现，是一种真实意义上的美。数学中的文化是丰富多彩的，数学美感就是数学文化的一部分。数学公式的简洁美、几何图形的构造美、推理论证的严谨美，会给人们美的熏陶。

和艺术欣赏一样，数学美也可从感性欣赏发展到理性欣赏。其间有美观、美好、美妙、完美四个层次。②

一、美观

几何图形的美观，黄金分割之美感，众所周知。我们看一下对称变换下

① 张福保. 数学文化促进科学与人文融合［J］. 中国数学会通讯，2012，120（1），24-31.

② 张奠宙，王善平. 数学文化教程［M］. 北京：高等教育出版社，2013：111-113.

的不变量之美。数学中有对称，诗词中讲究对仗，乍一想风马牛不相及，其实在理念上它们有鲜明的共性——在变化中保持不变。

数学中说图形是对称的，是在一个平面内，如果一个图形沿一条直线（这条直线叫作对称轴）折叠，直线两旁的部分能够完全重合，这样的图形叫作轴对称图形。图形变换到对称轴另外一边，但图形的形状没有变。这类“变中不变”的思想在对仗中也体现出来了。例如：“墙上芦苇，头重脚轻根底浅；山间竹笋，嘴尖皮厚腹中空。”

一般情况下，对仗规则是：上下联的平仄是相对立的，下联和上联的字不能重复。再如：“明月松间照，清泉石上流。”

数学上的对称原指几何对象，后来数学家将其延伸到代数中。如 x^2+y^2，将 x 与 y 互换后，原来的式子成为 y^2+x^2，结果仍等于 x^2+y^2。由于此代数式进行 x、y 互换后，形式上与先前一样，因此将它称为对称的二次式。

二、美好

姜伯驹院士曾说过他访问美国的一个故事。他在某大学上课，一个大学生居然认为$\frac{1}{2}+\frac{1}{3}=\frac{2}{5}$。姜院士问起这个同学的中学教师，得到回应是“他们喜欢这样”。

2004 年，张奠宙教授观摩一堂公开课，内容是“分数”开头的第一节。授课教师用做好的教具（一个圆，也可分成两个半圆）。学生知道半圆表示整个圆的$\frac{1}{2}$，教师讲得很好。临下课时，教师为了给下一节课（分数同分母加法）做铺垫，问学生“$\frac{1}{2}$个圆+$\frac{1}{2}$个圆是多少?”，但出乎意料，学生回答是“$\frac{2}{4}$”，引来一片笑声。

上述现象表明，追求“和谐美”是人的天性。一开始总认为“分子分母分别相加”的规则是天然合理的。“爱美之心，人皆有之。”数学教学中的美观认知，在算术、代数中多有反映。例如：

$a(b+c)=ac+bc$，$\frac{b}{a}\times\frac{d}{c}=\frac{bd}{ac}$，$(a\times b)^n=an\times bn$，

自然联想到$\frac{1}{2}+\frac{1}{3}=\frac{2}{5}$。

再如：$(a+b)^2=a^2+b^2$，$a^m \times a^n=a^{mn}$，

$\sqrt{a+b}=\sqrt{a}+\sqrt{b}$，$\sin(x+y)=\sin x+\sin y$。

看起来和谐一致，也美观，但却是错的。美观未必美好；美好未必美观（如一元二次方程的求根公式，不对称不和谐不美观，但运用它却感到美好）。

三、美妙

数学中的许多结果，往往是“意料之外，却又情理之中”。如三角形的三条高、三条中线、三条角平分线都交于一点，真是妙极了。

学过数学的人，是否经历过那样的时刻：一条辅助线可以让人面对百思不得其解、看似无从着手解决的几何题时心中豁然开朗；一个技巧使一个百思不得其解的或计算题或证明题顺利解决，这时的快乐与兴奋只有用一个“妙”字来表达。这种美妙的意境，使人体会到数学的巧妙、深邃和学习的快乐。

四、完美

这是理性的美，即“冰冷的美丽”。荷兰著名数学教育家弗赖登塔尔曾经这样描述数学的表达形式：“没有一种数学的思想，以它被发现时的那个样子公开发表出来。一个问题被解决后，相应地发展为一种形式化技巧。结果把求解过程丢在一边，使火热的发明变成冰冷的美丽。”

第二节　数字文化欣赏

在信息时代，随着数字化技术的发展，电话、音响及杂志、报纸、电子读物等各种媒体的信息，通过数字化综合成为新的信息处理领域、文化领域、娱乐领域，这就是数字的多媒体世界。

但在此之前，人们生活领域方面，与数字就有着千丝万缕的关系。我们称之为数字文化现象。

孙新爱在其《汉语中的数字文化研究》一文中对数字文化现象产生的途

径、机制和发展进行了研究，指出数字是用来计数的，本无好坏、褒贬、吉凶之分，但随着语言和文化的发展，数字的内涵和表达色彩也日益丰富。数字除了计数功能外，又衍生出诸多文化含义，形成了汉语中丰富多彩的数字文化，数字文化的产生途径主要有谐音、虚化、俗语、成语的固化、用典和双数心理等。①

一、最神秘的数字 7

关于 0—10 的自然数，人们赋予其各类含义。在数字之中，7 堪称一个最神秘的数字，很多典故都和数字 7 有关。7 如此神秘，确实很难说得清。

心理学中，“7”是一个被学者称为“不可思议”的数字，多数人的短时记忆容量最多只有 7 个，超过 7 个，就会发生遗忘，因此多数人都把记忆内容控制在 7 个单位之内。

生活中很多东西都和“7”有着密切的联系，每项和“7”有关的事物都让人觉得神奇：太阳光由 7 种颜色组成、每周有 7 天、算盘设有 7 粒珠子、简谱有 7 个音符、水的 pH（中性值）是 7、七星瓢虫背上有 7 点、童话故事里有 7 个小矮人、人有“七窍”、北斗有七星、地球陆地分七大洲、古老的七月初七节、七绝韵律诗等。

二、身边的 12

一年有 12 个月，钟表的时针转一圈是 12 小时。在我国和亚洲的一些国家，人的属相有十二生肖。十二生肖在古代作纪年之用，而用干支来计时，也是汉朝以后才有的。古人根据太阳升起的时间，将一昼夜区分为十二时辰，用十二地支为代号，方便熟记。中国用地支计时法，叫作十二时辰（“大时”），现在称 24 小时。后来这纪年、计时之用的天干和地支才会和十二生肖都有关系。十二生肖由 11 种来自自然界的鼠、牛、虎、兔、蛇、马、羊、猴、鸡、狗和猪，还有传说中的龙组成。古人以其习性来为其分配各个地支，如老鼠是夜间活动的动物，因此以子时（午夜 11 时至 1 时）配合鼠，兔在日出之时出来觅食，因此以卯（5 时至 7 时）配兔，这和当时农业社会的生活

① 孙新爱．汉语中的数字文化研究［J］．人民论坛．2012（14）：148-149.

起居息息相关。

还有，12件商品是一打，一个篮球队有12名队员，足球比赛罚点球的英制长度为12码，红楼梦里有金陵十二金钗等。

有趣的是，人体的某些结构也和“12”这个数结下了不解之缘。人的身体有12对脑神经，我国传统的中医学认为，人有十二经脉。小肠的第一部分称为十二指肠。人体的两个眼球共有12块成对分布的眼外肌，使眼球能灵活地转动。人体的脊椎骨中有12块是胸椎，分别和肋骨相接。肋骨弯曲如弓，保护着心和肺。从胸椎通出12对神经，在中枢神经和人的胸腹部肌肉皮肤之间建立起灵敏的神经联系，构成完整的体系。

“12”就在我们身边。

三、完美数10和6①

作为数论的一个小分支，因数和倍数领域中类似美妙的数学现象比比皆是。在引领孩子寻找“完美数”的过程中，完美数之少，凸显数学家求索之路的艰辛，这无疑是对数学精神的引领。

毕达哥拉斯学派的神秘数论认为10为完美数。因为完美的双手手指为10个，并且是由最初的“1”“2”“3”“4”相加而成的。然而还有一些数学家认为6才是完美数，因为这个数包括了6个单位，其比值又与数字6相吻合。如6的六分之一等于1，6的三分之一等于2，6的二分之一等于3，6的三分之二等于4，6的六分之五等于5，尽善尽美的数字便是6。6为完美数的另一个解释是$1+2+3=6$，$1\times2\times3=6$。若再给6加上它的六分之一等于7；再给6加上它的三分之一等于8；再给6加上它的二分之一便得到了9等；又因认为脚长约是人体身高的六分之一，该数使脚的尺寸完美起来，乘以6便得出人体的身高，所以他们坚持认为6这个数字是完美数。

四、中华文化中的“尚五”传统

“五官”之说不是来自对人的生理的观察，而是来自中华文化中的“尚五”传统。中国哲学上有“五行”：金、木、水、火、土；音乐有“五音”：

---

① 王敏，代钦．古罗马建筑艺术中的数学文化［J］．数学通报，2017（7）．

宫、商、角、徵、羽；古代爵位有五级：公、侯、伯、子、男；金属有“五金”：金、银、铜、铁、锡；粮食有“五谷”：水稻、黍子、谷子、麦子、豆类；地理上有“五岳”：泰山、衡山、嵩山、华山、恒山；等等。其实，除了少数情况恰好是五个外，很多都是人为制造出来的，诸如金属、粮食等远超过五种，结果只选取五种，其余只好忽略不计。值得注意的是，“五”常常是个约数，指同类的事物，比如“五谷”是粮食的泛称，“五金”是金属的泛称等。

同理，“五官”的“五”，也应该是个约数。同样有不同的解释，莫衷一是，众说纷纭。①

五、数字计算与组合

一些数字通过计算和不同的组合得到一些非常让人称奇的排列，美不胜收，并且让人回味无穷，它们就像一座座数字宝塔，闪烁着智慧的光芒。有数学教师戏称之为“算术宝塔诗”。

（1）“算术宝塔诗”1

$1\times9+2=11$

$12\times9+3=111$

$123\times9+4=1111$

$1234\times9+5=11111$

$12345\times9+6=111111$

$123456\times9+7=1111111$

$1234567\times9+8=11111111$

$12345678\times9+9=111111111$

$123456789\times9+10=1111111111$

（2）“算术宝塔诗”2

$1\times8+1=9$

$12\times8+2=98$

$123\times8+3=987$

① http：//blog. sina. com. cn/s/blog_ 63af05000102vjxk. html.

$1234\times8+4=9876$

$12345\times8+5=98765$

$123456\times8+6=987654$

$1234567\times8+7=9876543$

$12345678\times8+8=98765432$

$123456789\times8+9=987654321$

（3）“算术宝塔诗”3

$9\times9+7=88$

$98\times9+6=888$

$987\times9+5=8888$

$9876\times9+4=88888$

$98765\times9+3=888888$

$987654\times9+2=8888888$

$9876543\times9+1=88888888$

$98765432\times9+0=888888888$

（4）“算术宝塔诗”4

$1\times1=1$

$11\times11=121$

$111\times111=12321$

$1111\times1111=1234321$

$11111\times11111=123454321$

$111111\times111111=12345654321$

$1111111\times1111111=1234567654321$

$11111111\times11111111=123456787654321$

$111111111\times111111111=12345678987654321$

（5）“142857”之谜

据说一星期有 7 天这个定律就是来源于这组来自金字塔内的奇妙数字。我们把这个“142857”从 1—6 按顺序乘一下，就会出现如下 6 组数字：

$142857\times1=142857$

$142857\times2=258714$

142857×3＝428571

142857×4＝571428

142857×5＝714825

148257×6＝857142

上述结果有什么特别的吗？观察仔细的读者可能发现了，它们都由同样的数字组成，只是调换了位置，反复出现而已。

六、数字与娱乐工具扑克麻将

（一）扑克

在 54 张扑克牌中，有 52 张牌是正牌，表示一年有 52 个星期。

两张是副牌，大王代表太阳，小王代表月亮。

一年四季的春、夏、秋、冬用黑桃、红桃、梅花、方块 4 种花色来表示。其中红桃、方块是代表白昼，黑桃、梅花是代表黑夜。

每一季度是 13 个星期，扑克牌中每一种花色正好是 13 张。

如果计算一下扑克牌的总点数，把 J 当 11 点，Q 当 12 点，K 当 13 点，13 张牌的点数之和正好有 91 点，等于每一季度的 91 天。

4 种花色的点数加起来，然后加上小王的一点，是 365 点，正好等于一年的天数，如果再加上大王的那一点，是 366 天，恰好是闰年的天数。

原来扑克中也隐藏着历法知识。

（二）麻将

麻将里面包含着中国古代人民朴素的宇宙观和哲学思想。

在中国古代思想中，3 为基数，9 为极数，所以就有 3 种花色——万、饼、条，每个花色分别有 9 张。3 也代表着天、地、人。

中国人讲究“五行”之说，认为世界是由金、木、水、火、土等最基本的物质组成的，和方位相配分别为东方甲乙木、西方庚辛金、南方丙丁火、北方壬癸水、中方戊己土。

“白”表示地，“发”代表天。“发”是在人的最顶部，所以用“发”代表天。“中”既代表五行中的中方土，也代表天、地、人“三才”中的人。

中国古人又认为宇宙形态是天圆地方，所以，正是“中”的确定，使东、西、南、北、中和天（发）、地（白）共同构成了天圆地方。

中国麻将也暗含着与12有关的天文历法。中国古代有十二地支，暗含十二生肖、十二时辰、12个月。

中国麻将一共有144张牌，正好是12的平方，而主牌108张，也是12的倍数。规定每人抓13张牌，而13乘以4等于52，暗含了一年有52个星期的规律。

人们在打扑克、打麻将时，是否能想到这两种娱乐方式中居然有这么大学问呢？

七、数字与文学

设 n 是一任意自然数。若将 n 的各位数字反向排列所得自然数 n_1 与 n 相等，则称 n 为回文数。例如，若 $n=1234321$，则称 n 为一回文数。在自然数中，最小的回文数是0；但若 $n=1234567$，则 n 不是回文数。

你能迅速说出百以内的回文数和千以内的回文数吗？

平方回文数：一个回文数，它同时还是某一个数的平方，这样的数字叫作平方回文数。例如：121。

100以上至1000以内的平方回文数有：11—121；22—484；26—676。

$1\times1=1$

$11\times11=121$

$111\times111=12321$

$1111\times1111=1234321$

$11111\times11111=123454321$

$111111\times111111=12345654321$

$1111111\times1111111=1234567654321$

$11111111\times11111111=123456787654321$

$111111111\times111111111=12345678987654321$

文学作品中，也有类似于此的有趣现象。

“回文”是指先从头到尾去读，然后倒过来，从尾到头去读皆成章句的诗篇，它是古今中外都有的一种修辞方式和文字游戏，如“我为人人，人人为我”，有回文诗、回文联等。其特点是作者精心选择字词，巧妙地安排顺序，使其正读反读都是有意义的作品。回文是中华文化独有的一朵奇葩。

回文诗："莺啼岸柳弄春晴，柳弄春晴夜月明。明月夜晴春弄柳，晴春弄柳岸啼莺。"

回文联："响水潭中潭水响，黄金谷里谷金黄。雾锁山头山锁雾，天连水尾水连天。""黄山落叶松叶落山黄，中国出将才将出国中。上海自来水来自海上，山西落日日日落西山。"相传"天然居"饭庄也有一副回文联："客上天然居，居然天上客。"

(一) 数字入诗

数字入诗之所以受人青睐，除了诗歌本身的发展需要数字以外，也与数词、量词的日臻成熟不无关系，尤其是数量词具有其他词类不可比拟的修辞作用。古代诗歌喜用数字。

我国第一部诗歌总集《诗经》中已经出现了反复使用数字的诗。描写青年男子思慕爱人的《王风·采葛》，一章比一章夸张："一日不见，如隔三月兮！""一日不见，如三秋兮！""一日不见，如三岁兮！"语意递增，情感深化，多次运用夸张构筑了深远的意境，此诗开创了使用数字之先河。

数字通常是枯燥的，但如果把它用于文学作品的诗词曲联中，却往往含情带意，深化意境，由此也涌现了许多传诵千古的"数字诗"。

1. "十"字令诗

"十"字令诗是数字诗中最为常见的一种，就是把数字"一"到"十"嵌入诗中。

宋代理学家邵雍写有这样一首诗："一去二三里，烟村四五家，亭台六七座，八九十枝花。"

短短 20 个字，就勾勒出一幅独具特色的中国山水画，读来朗朗上口，因此旧时被选为私塾的"描红帖"，流传很广。还有如：

"一叶孤舟，坐二三个骚客，启用四桨五帆，经由六滩七湾，历尽八颠九簸，可叹十分来迟。"

"十年寒窗，进九八家书院，抛却七情六欲，苦读五经四书，考了三番两次，今天一定要中。"

2. “一”字诗

这种诗只用“一”字。清人王士祯作过一首《题秋江独钓图》的数字诗：“一蓑一笠一扁舟，一丈丝纶一寸钩；一曲高歌一樽酒，一人独钓一江秋。”

还有一首与此相似的诗：“一帆一浆一渔舟，一个渔翁一钓钩。一俯一仰一顿笑，一江明月一江秋。”

诗中出现了多个“一”，却不使人感到重复，而是意境悠远，妙趣横生，创造了一个渔翁怡然自乐的生活情景。

3. 数字回环诗

诗歌中一到万（或十）几个数字回环使用。

这类数字诗中，最为著名的还是卓文君的那首诗。传说司马相如与卓文君几经周折，终成眷属，回到成都。不久，汉武帝下诏，相如回京城为官，与文君依依暂别。岁月如流，不觉过了五年。文君朝思暮想，盼望丈夫的家书。万没料到盼来的却是写着“一、二、三、四、五、六、七、八、九、十、百、千、万”13个数字的家书。文君反复看信，明白丈夫的意思。数字中无“亿”，表明已对她无“意”。卓文君既悲痛又愤恨，当即复信叫来人带回。信的内容是这样写的：“一别之后，两地相悬。只道是三四月，又谁知是五六年。七弦琴无心弹，八行书无可传，九连环从中折断。十里长亭望眼欲穿。百相思，千系念，万般无奈把郎怨。”

司马相如对这首用数字连成的诗一连看了好几遍，越看越感到惭愧，越觉得对不起对自己一片痴情的妻子。终于亲自回乡，用驷马高车把文君接回长安。

4. 杂数诗

诗歌中运用数字没有定数和规律，只根据诗歌的需要来写，古代的数字诗大多属于这一种。

“一片一片又一片，二片三片四五片；六片七片八九片，飞入梅花都不见。”

又如，《百鸟归巢图》配诗：“天生一只又一只，三四五六七八只。凤凰何少鸟何多，啄尽人间千万石。”

“一只又一只”加起来就是2只，“三四”相乘得12，“五六”相乘得

30，“七八”相乘得 56。把 2、12、30、56 加起来，总数恰好为 100，与画题相合，可见诗人的机巧。

关于数字嵌入诗词，这里引用张奠宙先生撰写的《数学和古典诗词的意境》①，以飨读者。

诗中尽管嵌入了数字，却实在和数学没有什么关系。数学和古典人文的连接，贵在意境。这要从徐利治先生的一段往事说起。大约在 1993 年，在无锡鼋头渚开过一次数学方法论的研讨会。有一天下午，徐先生做报告。他说了一个故事。

“我在数学分析课堂上，先在黑板上写了李白的名诗：

故人西辞黄鹤楼，烟花三月下扬州。
孤帆远影碧空尽，唯见长江天际流。

然后问同学们哪一句可以和极限概念相通？大家的共同回答是‘孤帆远影碧空尽’。这说明，数学和诗词是可以沟通的。”

徐先生的演讲触动了我的心弦。我似乎看到了数学和人文意境互相沟通的隧道。徐先生的例子事关无限。无限，乃是数学家和人文学者都要面对的问题。彼此解决的途径可以不同，但是思考时的意境必然会有相似之处。

于是，我接着思考有关无限的诗句。首先想到的是陈子昂的《登幽州台歌》：

前不见古人，后不见来者；
念天地之悠悠，独怆然而涕下。

一般的语文解释说：前两句俯仰古今，写出时间绵长；第三句登楼眺望，写出空间辽阔。在广阔无垠的背景中，第四句描绘了诗人孤单寂寞悲哀苦闷的情绪，两相映照，分外动人。然而，从数学上看来，这是一首阐发时间和空间感知的佳句。前两句表示时间可以看成是一条直线（一维空间）。陈老先生以自己为原点，前不见古人指时间可以延伸到负无穷大，后不见来者则意味着未来的时间是

① 张奠宙．数学和古典诗词的意境［J］．中国数学会通讯，2012（3）．

正无穷大。后两句则描写三维的现实空间：天是平面，地是平面，悠悠地张成三维的立体几何环境。全诗将时间和空间放在一起思考，感到自然之伟大，产生了敬畏之心，以至怆然涕下。这样的意境，数学家和文学家可以共有。尤其是，把时间和空间放在一起思考，可以说也在意境上与爱因斯坦的四维时空学说相衔接。我把这一想法和语文学者交谈，他们也觉得很有意思。但是，在应试教育盛行的标准化考试面前，这无论如何不能算标准答案，无法进入语文研究的视野。

无限有两种：其一为没完没了的“虚无限”，其二是“将无限一览无余”的“实无限”。有一次，一个朋友来家闲坐。问起 0.9999……=1，对不对。他随口说数列的无限就像长江流水滚滚来。这促使我想起杜甫的名诗《登高》中的两句：

无边落木萧萧下，不尽长江滚滚来。

前句指的是“实无限”，即实实在在全部完成了的无限过程，已经被我们掌握了的无限。“无边落木”就是指“所有的落木”，这个实无限集合，已被我们一览无余。后句则是所谓虚无限，它没完没了，不断地“滚滚”而来。尽管到现在为止，还是有限的，却永远不会停止。数学的无限显示出“冰冷的美丽”，杜甫诗句中的“无限”则体现出悲壮的人文情怀，但是在意境上，彼此是沟通的。

我的第二波思考是将数学思想方法和古诗意境连接起来。有一年，我在河内参加一个会议。新加坡南洋大学的李秉彝教授和我同住一个旅店。他喜欢到古玩街闲逛，收来一把茶壶，上面有诗句：

松下问童子，言师采药去。
只在此山中，云深不知处。

把玩之余，我们突然感觉到这首小诗在人文意境上和数学存在性定理彼此相通。文学家欣赏“云深不知处”的苍茫意境，而数学家则会关注难以名状的一种不确定性。隐者在哪里？确实就在此山中。这与数学的意境何等契合。

数学上常用反证法。你要驳倒一个论点，你只要将此论点“假定”为正确，然后据此推出明显错误的结论，就可以推翻原来的论点。苏轼的一首《琴诗》就是这样做的：

若言琴上有琴声，放在匣中何不鸣？
若言声在指头上，何不于君指上听？

意思是，如果“琴上有琴声”是正确的，那么放在匣中应该“鸣”。现在既然不鸣，那么原来的假设“琴上有琴声”就是错的。由此可见，人文的论辩和数学的证明，都需要遵循逻辑规则。

最近，我开始第三波的数学意境研究，将数学问题求解的过程，用古诗意境加以比喻。这里也有一些例子。

首先是关于黎曼积分和勒贝格积分。苏轼《题西林壁》诗云：

横看成岭侧成峰，远近高低各不同。
不识庐山真面目，只缘身在此山中。

将前两句比喻黎曼积分和勒贝格积分的关系，相当有趣。苏轼诗意是：同是一座庐山，横看和侧看各不相同。勒贝格则说，比如数一堆叠好了的硬币，你可以一叠叠地竖着数，也可以一层层横着数，同是这些硬币，计算的思想方法却差异很大。横看和侧看，数学意境和人文意境竟可以相隔时空得到共鸣，发人深思。

最后一个实例是局部和整体。仔细琢磨一下微积分的核心思想之一，在于考察一点的局部。研究曲线上一点的切线，只考虑该点本身不行，必须考察该点周围的一些点，这就是局部的思想。一点的局部，只是考察该点的“附近”，却没有远近的确切要求。这种小大由之的概念，颇有一些哲学意味，它需要从意境上加以把握。为什么考察一个人，要问他/她的身世、家庭、社会关系？也是因为人是以局部而存在的。孤立地考察一个人是不行的。微积分学就是突破了初等数学“就事论事”、孤立地考察一点、不及周围的静态思考，转而用动态地考察“局部”的思考方法，终于创造了科学的黄金时代。可是，现在的微积分教材，对此只字不提，颇觉遗憾。

考察局部，何止于微积分？最近读到杜甫的诗句：

天街小雨润如酥，草色遥看近却无。

突然想到，诗的第二句应当是阐述拓扑学上局部和整体的一种文学意境描写。就曲面来说，远看可以有整体的区分，例如球面和环面。但是，近看却都差不多，都是一个“圆片”：二维的欧氏平面的局部。这正如整体的草色只能“遥看”，一旦近了，到局部状态，那种“草色”就“近看无”了。

数学和人文意境的沟通，还会有许多其他的例子。比如《道德经》中说：“道生一、一生二、二生三、三生万物。”这就和皮亚诺的自然数公理庶几相近。

（二）数字入成语、俗语（歇后语）

“一五一十”是指以五为单位的数，用来形容从头到尾无所遗漏地叙说；“不三不四”用来形容不正派或不像样；“一推六二五”形容置之不理，一推了之；“二一添作五”是指一样东西两个人平分；“三下五除二”形容办事利落；“不管三七二十一”形容做事考虑不周到；“八九不离十”表示差不多。这些汉语俗语和成语中尽管包含着数字，由于成语和俗语有着完整的、凝固的意义。所以，这些数字也就失去了原有表达数的功能。

1. 戏言数与成语

0000	四大皆空	0+0=0	一无所获
0×0=1	无中生有	1×1=1	一成不变
1 的 n 次方	始终如一	1：1	不相上下
1/2	一分为二	1，2，3	接二连三
3.4	不三不四	33.22	三三两两
2/2	合二为一	20÷3	陆续不断
1=365	度日如年	9 寸加 1 寸	得寸进尺
1 除以 100	百里挑一	333 555	三五成群
5，10	一五一十	1，2，3，4，5	屈指可数
12345609	七零八落	1，2，4，6，7，8，9，10	隔三岔五
23456789	缺衣少食	$\frac{7}{8}$	七上八下
2468	无独有偶	43	颠三倒四

2. 数字与歇后语

歇后语是广大人民在生活实践中创造的一种特殊的语言形式，歇后语是传统文化中的重要组成部分之一，同时也是汉语词汇中的重要组成部分。它一般由两个部分构成：前半部分是形象的比喻，像谜面；后半部分是解释、说明，像谜底。因为其具有重要价值和生命活力，所以得以积淀、保存延续下来。

数字和文化是不可分的。在人类漫长的历史过程中，数字并不只限于计数而是承载着许多文化信息。形成了特有的数字文化。成语在长期的使用过程中形成了固定的结构模式，也形成了固定的修辞风格，达到了意在言外的效果。

数字谐音：

一二三五六——没事（四），四与事谐音。

二三四五——缺衣（一），一与衣谐音。

十文钱掉一文——久闻（九文），九与久谐音。

五十两元宝——一定（锭）。

用数来相加：

十五只水桶打水——七上八下　　$7+8=15$

十个人排四队——三三两两　　$3+3+2+2=10$

五句话分两次讲——三言两语　　$3+2=5$

第三节　数学语言的简洁美

数学语言是按下列不同的方法改进自然语言的结果的：

简化自然语言的方向；按克服自然语言中含糊不清的毛病的方向；按扩充它的表达范围的方向。

在数学语言中，一个符号（数字、字母、运算符号或关系符号）表示的语言，可以大大缩短自然语言表达的“长度”，使它从冗长的自然语言中解放出来。

不同于文学作品的形象描述，以不惜文字的精工编织为代价，以追求文学语言的艺术美；而数学语言对客观世界本质的抽象反映，则以简要、精练著称。数学语言不允许感情随意褒贬夸张。“增之一分则太长，减之一分则太短，着粉则太白，施朱则太赤。”可以借用来对数学语言简洁美特点的表述。

爱因斯坦说过："美，本质上终究是简单性。"他还认为，只有借助数学，才能达到简单性的美学准则。数学科学的严谨性，决定了它必须精练、准确。简洁美是数学的又一特色。它不仅朴素、简单，而且底蕴深厚，称得上数学中的至美。

第一，数学中的定义、规律具有简洁美。

数学中的定义、规律叙述的高度浓缩性，使语言精练到"一字千金"的程度。例如，质数的定义是"只有1和它本身两个约数的数"，若丢掉"只"字，则荒谬绝伦；小数性质中的"小数末尾的0……"中的末尾若说成后面，便失之千里。此种例证不胜枚举。

第二，公式、法则的高度概括性，具有简洁美。

一个公式可以解无数道题，一条法则囊括了万千事例。三角形的面积等于底乘以高除以2，把一切类型的三角形都概括无遗。"数位对齐，个位加起，逢十进一"把百以内、千以内、万以内……多位数的各种整数相加的方法全部包容了进去。

第三，数学符号具有简洁美。

数学符号是最简单的文字，表达的内容却极其广泛而丰富，它是数学科学抽象化程度的高度体现，也正是数学美的一个方面。

欧拉给出的公式：$V-E+F=2$，堪称"简单美"的典范。世间的多面体有多少？没有人能说清。但它们的顶点数 V、棱数 E、面数 F，都必须服从欧拉给出的公式，一个如此简单的公式，概括了无数种多面体的共同特性，能不令人惊叹不已？

在数学中，像欧拉公式这样形式简洁、内容深刻、作用很大的定理还有许多。比如：

圆的周长公式：$C=2\pi R$

勾股定理：直角三角形两直角边的平方和等于斜边平方 $a^2+b^2=c^2$。

这些用符号表达的算式，既节省了大量文字，又反映了普遍规律，简洁、明了、易记，充分体现了数学语言干练、简洁的特有美感。

数学的这种简洁美，用几个公式、几条定理是不足以说清的。

世事再纷繁，加减乘除算尽；宇宙虽广大，点线面体包完。

数学是美的。数学的美，简洁明了、微言大义。①

第四节　名题欣赏

一、斐波那契序列

13 世纪意大利数学家列昂纳多·斐波那契在他的《算盘书》中提出这样一个问题：有人想知道一年内一对兔子可繁殖成多少对，便筑了一道围墙把一对兔子关在里面。已知一对兔子每个月可以生一对小兔子，而一对兔子出生后，第三个月开始生小兔子，假如一年内小兔子没有发生死亡，则一对兔子一年内能繁殖成多少对？

斐波那契序列（Fibonacci sequence），又称黄金分割数列。因数学家列昂纳多·斐波那契（Leonardo Fibonacci）以兔子繁殖为例子而引入，故又称为“兔子数列”。它指的是这样一个数列：1、1、2、3、5、8、13、21、34……这个数列从第 3 项开始，每一项都等于前两项之和。

自然界中，一些植物如菠萝果实上的鳞片、花朵中的花瓣数与斐波那契序列有联系。树木的生长，由于新生的枝条，往往需要一段“休息”时间，供自身生长，然后才能萌发新枝。所以，一株树苗在一段间隔，例如一年，以后长出一条新枝；第二年新枝“休息”，老枝依旧萌发；此后，老枝与“休息”过一年的枝同时萌发，当年生的新枝则次年“休息”。这样，一株树木各个年份的枝丫数，便构成斐波那契序列。这个规律，就是生物学上著名的“鲁德维格定律”。

“斐波那契树”如图 3-9 所示。这种植物是存在的。

---

① 水墨 . http：//blog. sina. com. cn/s/blog_ 55c8ee7a0102x4bd. html.

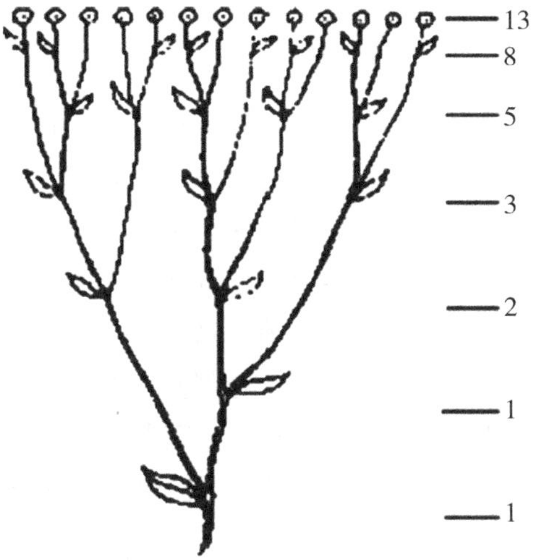

图 3-9　斐波那契树

二、默比乌斯带

德国数学家默比乌斯（Mobius，1790—1868）和约翰·李斯丁发现：把一根纸条扭转 180°后，两头再粘接起来做成的纸带圈，具有魔术般的性质。普通纸带具有两个面（双侧曲面），一个正面，一个反面，两个面可以涂成不同的颜色；而这样的纸带只有一个面（单侧曲面），一只小虫可以爬遍整个曲面而不必跨过它的边缘。这种纸带被称为“默比乌斯带”（也就是说，它的曲面只有一个，见图 3-10）。

车站、工厂的传送带，常见的是“常带圈”结构，缺点是带的一面会有较多的磨损。有人将传送带做成默比乌斯带的形状，使应力分布到“两面”，可延长使用周期一倍。计算机的打印机色带也做成了莫比乌斯带结构。

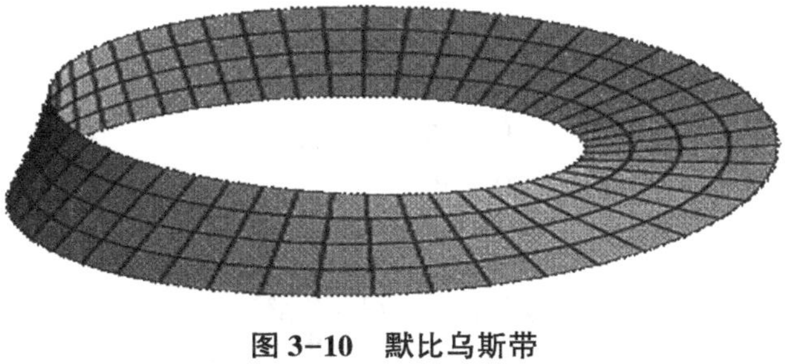

图 3-10　默比乌斯带

三、七桥问题

七桥问题是 18 世纪著名古典数学问题之一。在哥尼斯堡的一个公园里，有七座桥将普雷格尔河中两个岛及岛与河岸连接起来（图 3-11）。问是否可能从这四块陆地中任一块出发，恰好通过每座桥一次，再回到起点？当时的青年数学家欧拉以无与伦比的洞察力，建立了数学模型，把河岸和小岛缩小成点，把桥视为边。这样问题就转化为：从任一点出发，经过每条边且只经过一次回到起点是否可能？欧拉运用“奇偶点”定性得出结论：七桥问题无解。他把问题归结为如图所示的“一笔画”问题，证明上述走法是不可能的。从这个问题及其解答过程中，可以看到数学思想方法的魅力。

图 3-11 七桥问题

四、黄金分割

数学定义：把一条线段分割为两部分，使较大部分与全长的比值等于较小部分与较大部分的比值，这个比值即为黄金分割。其比值是 $(\sqrt{5}-1):2$ 近似值为 0.618。

设一条线段 AB 的长度为 a，C 点在靠近 B 点的黄金分割点上，且 AC 为 b，则 a 比 b 就是黄金数。

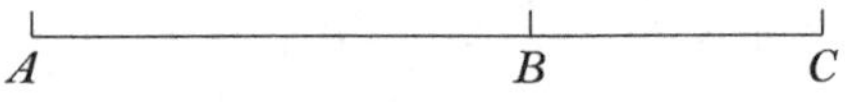

$$\frac{AC}{AB}=\frac{BC}{AC}$$

$$b^2=a(a-b)=a^2-ab$$

$$a^2-ab+\frac{1}{4}b^2=\frac{5}{4}b^2$$

$$a-\frac{b}{2}=\frac{\sqrt{5}b}{2}$$

$$a=\frac{(\sqrt{5}+1)\ b}{2}$$

$$\frac{b}{a}=\frac{\sqrt{5}-1}{2}$$

人们说黄金分割最美①，为什么呢？在视觉上，黄金分割本质上带来的是和谐——相似、重复、联系及变化——运动、活力。

观看图像的时候，眼睛和心灵通过将视觉单元整合为一个融合的整体，来组织视觉差异。心灵本能试图创造秩序以摆脱混乱，以存储信息。艺术组织有七个原则，即和谐、变化、平衡、比例、主导倾向、运动和简约。艺术的组织过程就是通过相似将对立方面关联在一起，最后成为一个整体。以线条为例，当一个艺术家运用线条使作品成为整体的时候，艺术家会通过长度、宽度、特征等一种或全部的关联性来创造最终的和谐体。比例虽然是单独列出的一个原则，但可以看到黄金分割同时拥有两个特性，即和谐、变化。

五、数学美给数学教育的启示

通常人们认为，数学和艺术是人类所创造的风格与本质迥然不同的两类文化产品：一个处于高度理性化的巅峰，另一个居于情感世界的中心；一个是科学（自然科学）的典范，另一个是美学构筑的杰作。然而，在种种表面上无关甚至完全不同的现象背后，隐匿着数学与艺术极其丰富的普遍意义。

可以说，数学是一种具有美学维度的精神空间。正如英国著名哲学家罗素所说："数学，不但拥有真理，而且有至高的美。"数学的美不像自然美、艺术美那么鲜明、亮丽而潇洒，甚至也不像社会中的其他对象之美那么直观和具体，它抽象、严谨、深沉、冷峻而含蓄，是一种理智的美。数学理论虽以逻辑的严密性为特征，但新概念的提出，新理论的创立则需要借助于直觉、想象等非逻辑思维。在数学研究中，虽然有大量表面看起来枯燥无味的推理和计算，然而其中却蕴藏着内在的、深邃的、理性的美。因此，数学教育应

① https：//www. zhihu. com/question/19601018.

该努力发掘数学特有的理智美，尽可能地搜集展现数学美的素材，以数学学科本身特有的魅力去吸引学生，如生活中的对称美、人体中的黄金分割、诗词中的数字美、数学公式的简洁美等，让学生在感受数学美、欣赏数学美、再现数学美的同时，产生创造数学美的冲动和欲望。①

思考题

1. 数学美的表现形式有哪些？试举例阐述其中的数学简洁美、和谐美。
2. 就中华文化中的“尚五”传统，你能举例说明其他的类似现象吗？

① 宋乃庆，张奠宙．小学数学教育概论［M］．北京：高等教育出版社，2008：308.

第四章　数学文化中的基本方法

数学在其漫长的发展过程中，建立了严密的知识体系，形成了一整套行之有效的思想方法。历代数学家在解决数学问题过程中，发明和创造了许多具体的方法，诸如演绎法或公理法、数学模型法、归纳法、类比法、迭代法、数学实验、猜想等具有普遍性的方法。

数学的思想、精神作用于人的心灵，影响了人类文明的发展，它们已经深入生活的每一个领域，成为普适的价值观。数学思想和数学方法既有区别又有密切联系。数学思想的理论和抽象程度要高一些，而数学方法的实践性要更强一些。人们实现数学思想往往要靠一定的数学方法；而人们选择数学方法，又要以一定的数学思想为依据。这二者是密切联系的，合称为数学思想方法。

日本数学教育家米山国藏曾说过这样一段话：“作为知识的数学出校门不到两年就忘了，唯有深深铭记在头脑中的数学的精神、数学的思想、研究的方法和着眼点等，这些随时随地地发生作用，使人终身受益。”

第一节　公理化方法

公理化是一种数学方法。最早出现在两千多年前的欧几里得几何学中，当时认为“公理”（例如两点之间可连一条直线）是一种不需要证明的自明之理，而其他所谓“定理”则需要由公理出发来证明。

数学发展的历史表明公理化方法在数学研究中有着重要的意义，它具有简洁性、总结性。恩格斯曾说：“数学上的所谓公理是数学需要用作自己出发点的少数思想上的规定。”凡是取得了公理化结构形式的数学，均可在已形成的逻辑关系中去使用。不仅运用方便还可促进数学理论的发展。它由极少量的原始定义和公理出发，可演绎出内容浩繁的理论体系。欧几里得的几何学公理系统就是例证。

公理化方法，就是从尽可能少的不加定义的原始概念和不加证明的原始命题（公理、公设）出发，运用逻辑推理规则推出其他一些命题，把一门学科建设成为一个演绎系统的方法。

公理化方法的实施步骤如下：

第一步，积累大量有关的资料、数据和经验，并对这些资料和经验进行分析和归纳，使之上升为少数原始概念和不加证明的相互关系，从而形成公理系统。

第二步，从这些少数的基本概念和公理出发，经过综合与演绎，使其成为一个学科分支的理论系统。

一个有意义的公理系统的原始概念及其公理的选取，不能是主观臆造的，一般来说需要有实际的直观背景，同时它还要满足下列三个条件：

（1）相容性：一个公理体系中不能既推出命题 p，又推出它的否定（非 p）。

（2）独立性：在一个公理体系中被选作逻辑出发点的一组公理中，任何一个不能由其余公理推出，即不能有多余的公理。

（3）完备性：一个公理体系所含的全部真命题，应毫无例外地在本体系中得到证明。

只有满足以上三个条件的公理体系在逻辑上才是好的。①

1899 年，德国数学家希尔伯特在前人工作的基础上，著有《几何基础》一书，解决了欧氏几何的欠缺，完善了几何公理化方法，创造了全新的形式公理化方法。为了避免在数学中出现悖论，希尔伯特认为要设法绝对地证明数学的无矛盾性，促使他从事“证明论的研究”，于是希尔伯特又把公理化方法推向一个新阶段，即纯形式化发展阶段，这就产生了纯形式公理化方法。

几何学的公理化，成为其他学科及分支的楷模。相继出现了各种理论的公理化系统，如理论力学公理化、相对论公理化、数理逻辑公理化、概率论公理化、抽象代数、泛函分析、拓扑学等。同时，纯形式公理化方法推动了数学基础的研究，并为计算机的广泛应用开辟了前景。

---

① 数学课程教材研究开发中心．数学文化［M］．北京：人民教育出版社，2004：151-154.

在近代的西方，政治学、法学、伦理学等学科，都曾运用公理化方法进行学科体系建设。经济学中的公理化方法从 20 世纪 30 年代起就有了应用，但对经济学有决定性影响的名作如德布鲁（G. Debreu）的经典著作《价值理论：对经济均衡的公理分析》。

公理化方法使近代法典体系更加严密。近代《美国宪法》和《拿破仑民法典》等著名的法典体系之所以严密，无一例外地都采用了公理化方法。可以说，公理化方法已渗透包括西方法律在内的整个西方文化。

第二节 数学模型方法

在当今科技文化发展的进程中，数学模型方法已成为处理各种实际问题的一般方法，它在自然科学、工程技术、语言文学、社会科学、经济领域中都有十分广泛的应用。

数学模型就是根据研究目的，将所研究的客观事物的过程和现象的主要特征、数量相依关系，采用形式化的数学语言，概括地或近似地表述出来的一种数学结构。

具体来说，数学模型就是为了某种目的，用字母、数字及其他数学符号建立起来的等式或不等式、图表、图像、框图、程序等，用以描绘客观事物的特征及其关系。

数学模型方法就是把所研究和考察的实际问题或理论问题抽象为数学问题，构造出相应的数学模型，然后通过对数学模型的研究得出原有问题的解答方法。

数学模型方法是阐述客观现象和解决实际问题的重要工具，是各门科学数学化的重要手段，也是预测各种现象和控制各种过程的有效方法，可以促进数学不断向前发展。

运用数学模型方法一般有两种情形：

第一，由问题抽象出来的数学模型能纳入已知的数学模型，或者是某个已知数学模型的一部分，或者稍加变换即可变成已知的数学模型。在这种情况下，可以利用已有的数学模型推出相应的数学结果，再返回到原来的问题，使原问题得到解决。

第二，由实际问题抽象出来的数学模型不能纳入已知的数学模型。在这种情况下，需要发现和创造新的数学理论和新的方法才能加以解决。

一、数学模型方法的作用

（一）数学模型方法是阐述客观现象和解决实际问题的重要工具

数学模型的建立，可以发现不同事物之间的联系，从而可以借助于一种现象去确定研究另一种现象。一般的模拟方法就是建立在与这种数学模型相同的基础上的。例如整个国民经济计划，可借助于数学模型予以科学安排，以数学模型为媒介，选择出优化的决策方案。又如复利与对数、分期付款与幂级数求和、各种竞赛中的评分与平均数、地图与比例、股票走势与函数图像都是利用数学模型进行研究讨论的。

（二）数学模型方法是各门科学数学化的重要手段

马克思曾经指出，一门科学只有成功地应用数学时，才算达到了真正完美的地步。处于知识经济时代，数学化是各门科学发展的一个重要趋势，而数学化的重要工作就是探求适合本门学科研究和需要解决问题的数学模型。不论经济学、军事学、生物学、医学、语言学、天文学、物理学、大型工业等一切学科领域和人类活动的各个方面，如果不具备简单化和形式化特征，没有建立反映各种现象和关系的数学模型，要进行深入研究就会有很大困难。只有建立了反映它的数学模型，这门科学才达到了可以进行系统严密研究的阶段。

例如，牛顿用 $F=\frac{KMm}{r^2}$ 这个仅仅包括了五个字母的数学模型，连同牛顿三大定律，就完满解决了有关经典力学的问题，并为经典力学的发展奠定了坚实的基础。

（三）数学模型方法是预测各种现象和控制各种过程的有效方法

数学模型可以描述事物发展变化的因果关系，可从已知的状态推断出未来将要发生的状态。天气预报就是数学模型具有预测作用的典型例子。19 世纪海王星的发现也是运用数学模型的结果。事实上，人们首先是在天王星运行轨道的数学模型中预测并估计出未知行星（指海王星）的存在，然后才通过观测加以证实。反物质的发展也是狄拉克先从数学模型上预测出来的，后来被实验所证实。

（四）数学模型方法可促进数学向前发展

一般认为数学模型方法是研究数学纯理论问题的经典方法。从古至今，数学家们用数学模型方法解决了许多数学理论问题，从而促进了数学的发展。例如，在对公理系统的相容性、完备性、独立性的证明中，解释性数学模型发挥了独特的作用。事实上，为了证明罗氏几何的相容性，人们的思路是通过庞加莱模型化归为证明欧式几何的相容性；证明欧式几何的相容性又归结到证明实数模型的相容性；而戴德金则把实数理论的相容性进一步归结为证明自然数模型的相容性。这样只要把自然数系统的相容性作为公理，那么几何公理系统的相容性问题就在相对意义上彻底解决了。

二、建立数学模型的途径

随着数学的发展和科技的进步，从当前运用数学模型方法的实际来看，建立数学模型有如下一些方法可以采用，即直接法、模拟法、数学处理法和程序设计法等。

数学建模的过程，大致可用图 4-1 来说明。

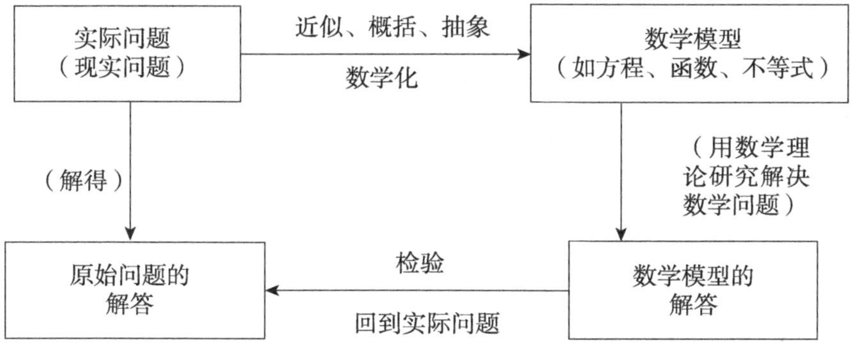

图 4-1　数学建模过程

数学建模实例：把一根直径为 $d=40$ 厘米的圆木加工成矩形截面的柱子，

问如何锯可使废弃的木料最少？

分析：要使废弃的木料最少，就是要使柱子的横截面积最大。因此，这个问题就是要求内截于直径为 d 的已知圆 O 的面积最大的矩形。

考察圆木的横截面积，设圆的直径为 d，圆内接矩形的面积为 S，若设边 AB 的长为 x，则另一直角边 BC 长为 $y=\sqrt{d^2-x^2}$，于是 $S=x\sqrt{d^2-x^2}$，由此建立模型 I，如图 4-2 所示。

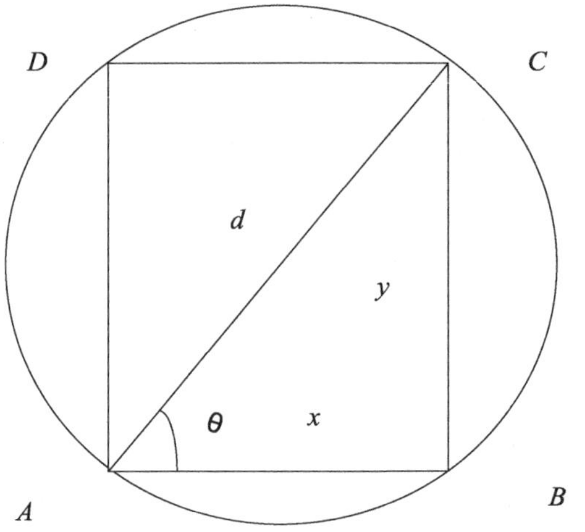

图 4-2　圆木横截面

模型 I　x 为何值时，面积 S 有最大值。

如果设 AC 和 AB 的夹角为 θ，则 $BC=d\times\sin\theta$，$AB=d\times\cos\theta$，

从而 $S=(d\times\sin\theta)\times(d\times\cos\theta)=\frac{d^2}{2}\sin2\theta$

由此得到模型 Ⅱ。

模型 Ⅱ　θ 为何值时，函数 $S=\frac{d^2}{2}\sin2\theta$ 有最大值。

由上述两种数学模型均可推知，当将圆木锯成边长为$\frac{\sqrt{2}}{2}d$，截面积为正方形的柱子时，废弃的木料最少。[①]

① 数学课程教材研究开发中心．数学文化［M］．北京：人民教育出版社，2004：158-166.

第三节　化归方法

化归方法，就是把所要解决的问题，经过某种变化，使之归结为另一个问题，再通过此问题的求解，把解得结果作用于原有问题，从而使原有问题得解的方法。

化归包括三个基本要素：（1）化归对象，即对什么进行化归；（2）化归目标，即将化归对象化归为什么形式；（3）化归的方法，即进行化归的方法。

化归的核心是实现问题的转化，以便应用已知的理论和方法解决新的问题，它的一般模式如图 4-3 所示。

由以下化归的模式图，不难看出，熟悉化、简单化、具体化是一切化归方法应遵循的基本原则，而化未知为已知、化一般为特殊或化特殊为一般、化抽象为具体、化复杂为简单，使问题得以解决则是化归的方向。

图 4-3　化归的一般模式

化归的基本形式一般来说主要有特殊与一般的转换、整体和局部的转化。①

思考题

1. 公理化方法在社会科学中有哪些应用？
2. 数学模型方法的作用表现在哪些方面？
3. 举例说明化归的核心是实现问题的转化。

---

① 数学课程教材研究开发中心．数学文化［M］．北京：人民教育出版社，2004：167-169.

第五章　文化视野下的少数民族数学

数学科学是没有国界的，也没有种族、民族的限制，这是数学文化中的主要部分，它反映了人类数学文化的共性。但是，由于不同民族的人群所处的地域、语言、习俗及经济环境的差异，人们的数学活动存在很大差异，因而，数学文化也不同程度地具有民族的特点，形成了不同群体之间数学文化的差异，这也是讨论民族数学文化的出发点。

第一节　民族数学的发展

“民族数学”（Ethno-mathematics，又译为“民俗数学”）于 20 世纪 80 年代前后在国际数学界和数学教育界兴起。1984 年 8 月，第五届国际数学教育大会上，出现了“民族数学”这个新词语。1985 年 4 月，“民族数学的国际研究小组”正式成立，开始了关于民族数学的研究。

“民族数学”就其基本的意义而言，可被看成数学与人类文化学的一种交叉，也即关于数学（数学教育）的人类文化学研究；另外，其首要的论点则是对数学的社会—文化属性的明确肯定。正是在这样的意义上，“民族数学”常常也被定义为对数学与相应的社会—文化背景之间关系的研究，即研究“在各种特定的文化系统中数学是如何产生、传播、扩散和专门化的”。

就现实情况而言，“民族数学”这一概念的内涵十分丰富。例如：

“本土数学”（indigenous mathematics）。这一术语主要是在与“外来数学”（“西方数学”）相对立的意义上得到了使用；“社会数学”（sociomathematics），指在各种特定社会环境中发展起来的数学。

“非形式的数学”（informal mathematics）。这是指在学校以外所学到的数学。

“自发的数学”（spontaneous mathematics）。这一术语突出强调了这样的事实，即任何一个人或文化群体都能自发地形成一定的数学知识。

“被压制的数学”（oppressed mathematics）。这是指这样的数学成分存在于民众的日常生活之中，但却受到了占据主导地位的意识形式的压制，即不能得到社会的主导成分的承认。

“非标准的数学”（non-standard mathematics）。除去与“正规数学”（“学院数学”）的对立以外，这一术语突出地强调了数学的文化相关性，即各种文化都会发展、并将继续发展自己特有的数学形式。

“日常数学”（folk mathematics）。这是指体现于日常活动的数学，尽管这些成分常常不被认为是数学。

显然，上述各个术语的使用更为清楚地表明，“民俗数学”的研究的确具有多个不同的方向或侧重点。

现代关于“民俗数学”的研究可以大致归结为以下两类：第一类确实可以被看成人类文化学研究的一个组成成分，其主要着眼于历史的考察，并认为“民俗数学”研究的一个重要任务就是努力重建那些受到压制和排斥的数学知识、数学技能和数学思维方式等；另一类“民俗数学”的研究则可说更加关心现实的问题，特别是与数学教育直接相关的问题。其主要论点在于：就数学学习而言，不仅应当看到学校中的数学教学，而且也应看到整个文化环境，特别是日常生活的影响。①

对儿童在课外形成的数学活动经验，许多学者做过研究，其中比较著名的学者之一是巴西的达布罗西欧（D'Ambrosio）。达布罗西欧和他的同事们，对生活在亚马孙河流域热带雨林的居民的日常活动进行了系统的观察。这些活动包括造房子、造小船和集市交易等。

达布罗西欧的一个发现是在亚马孙河流域热带雨林一带，流传着由当地居民发展起来的“土产的数学”，用于解决日常生产与生活所提出的问题。他把这种数学称为“Ethno-mathematics”，译作“民族数学”。

达布罗西欧还发现当地一些儿童拥有两种“数学”：在学校学到的“正式的”计算方法；从长辈那里学到的各种“土办法”。有趣的是，在实际的交易

① 郑毓信．民俗数学与数学教育［J］．贵州师范大学学报：自然科学版，1999，17（4）：90-95.

中，这些孩子使用更多的却还是那些“土办法”。

其他一些学者也做过类似于达布罗西欧那样的工作。在非洲、在南太平洋的岛屿和北美的某些地区，他们也有类似的发现。①

在1992年8月举行的第七届国际数学教育大会上，“民族数学”成为一个专门的研究课题。其中大部分内容都研讨数学和本国国情的结合。这与数学课程的民族特点紧密结合，主要涉及数学教育的民族文化，包括道德、法律、艺术、知识、习俗等不同的侧面。②

起初的研究认为，世界有许多种族和民族，形成了各不相同的文化群体。但是，传统意义上的“数学”一词，专指古希腊传统意义下的数学。它是在西欧文化基础上发展起来的。那么，对于处于不同文化环境中的儿童，为什么要学同样的数学？各个民族是否都拥有本民族的数学？数学教育是否应该按本民族的文化传统实施？

巴西学者达布罗西欧（D'Ambrosio）是民族数学的积极倡导者，他对民族数学定义的数次修正代表了人们对民族数学内涵认识的不断深化。达布罗西欧在其早期的（1984）论文中对民族数学的界定是不同群体的计算方式（计数、测量、关系、归类、推断）；1987年他指出，“民族数学”允许一个文化群体去描述、使用及理解其真实性。1989年他又将民族数学视作一个研究计划，它包括数学的历史。1990年的定义是：“解释、理解以及应对社会文化的、自然的环境（在个体与环境间）互动的节奏，由社区调节。引起编码和象征。由此产生的知识，最终成为定律。”他认为：“民族数学成了知识构造的过程。从这个意义上说，它包括历史与哲学——不仅是数学、是全部。”

当前流行的数学是在各个民族的数学创造中不断建构、延拓，其原有的民族性在交流中渐渐被淡化，因而对民族数学有了新的认识：民族数学是在某一民族的社会生活、生产实践中发展起来的，具有民族文化特征的数学思想、数学理论和数学方法，它们同样是属于世界，为世界共享。

民族数学在一定意义上是“民族数学运动”，是关于数学文化相关性的一种肯定。数学的技术和事实都是文化的产物，而不同的文化则会发展出多种

---

① 课程教材研究所数学课程教材研究开发中心著．数学文化［M］．北京：人民教育出版社，2003：242-246

② 郭永发．民族数学与民族数学教育［J］．青海民族研究：社会科学版，2001（2）．

不同的数学形式。

从民族数学的历史发展来看，民族数学含义的发展经历了如下阶段。

阶段一：初期认识的感性、模糊。民族数学就是各民族所创造的打上鲜明的民族特色烙印的数学，民族数学创造来源是民族，具有鲜明的民族文化背景。

阶段二：逐渐融合。随着民族数学国际性的研究成果和交流机会的逐渐增多，民族数学融入了世界数学的庞大领域，为世界所共用和共识，民族性被淡化，民族数学成为世界数学的组成部分。

阶段三：关联性。与文化相联系，民族数学就是存在于民族文化群落中的数学思维模式及其系统实践的知识综合。

从民族数学含义的发展阶段可归结出：

民族数学具有鲜明而独特的民族个性。和语言、宗教、心理、习俗一样，民族数学既然属于民族文化的范畴，便毫不例外地要打上民族个性的烙印。

民族数学具有相对性。如果民族数学的发展和应用仅局限于本民族范围内，那么它是民族的；一旦这种局限性被打破，即民族数学得以公开，为世界承认并应用，那它就不再是民族的了。

民族数学具有极强的教育价值。这是因为：一方面民族数学是民族文化的有机构成部分，同时在民族物质生活与精神生活中具有很突出的功利作用；另一方面民族数学是世界数学的源泉。

第二节　民族数学的启示

我国是一个幅员辽阔的统一的多民族国家，各民族在发展自己独特文化的同时，数学文化也广泛流传于民间。其实，在建筑、民间工艺、民间艺术、民间编织、各种计数的方法与数钱的办法及儿童游戏等领域，都可以发现某些“土产”数学成分。比如，我国拥有广大的乡村地区，是否也存在某些流传于民间的“土数学”呢？远的不说，就在一些城郊，你也能看到某些有趣的“土生土长”的计算方法及木工的画线与丈量土地的方法等。此外，有的农村还流传着一些“数学故事”，有的甚至涉及“不定方程”。

于是自然会提出类似下面的看法和问题：这些流传于民间的“土数学”

是否也是儿童数学活动的文化基础的一部分？是否会影响学生早期的数学学习活动？

人们开始认识到，在教某个数学概念时，不能把学生的头脑看作“一张白纸”，任由教师在上面“作画”。在学习某些数学知识前，人们在日常生活中已经积累了许多数学经验和其他有关经验。显然，儿童早期的数学经验有一部分正是来自民间的“土数学”，包括他们的爷爷奶奶、叔叔大爷有意无意传授的。不同国家或地区人们的日常生活，往往存在着明显的文化差别，于是一些数学教育工作者把这一类数学经验也归到“数学教育与文化”的领域。

人们不是常常说“数学课程是学生数学学习活动的主渠道”吗？但是在设计课堂的教学活动时，是否也应当知道学生在学校“墙外”所获得的数学？可以提出如下问题：学生在他们的日常活动中积累了哪些早期的数学经验？学生在日常生活中所形成的这些数学经验如何影响他们的数学学习？如果认识到学生在日常生活中所形成的数学经验，如何利用？

学生日常生活中所接触的各种事物，虽然是极平常的生活小事，但却具有明显的时代“文化特征”。不同民族、不同地域为学生们提供了不同的文化环境、不同的日常生活经验。根据一些学者的意见，项目所罗列的一些“要素”是否也是儿童数学活动的文化基础呢？

- 语言要素——数学知识的理解依赖于学习者已经有的语言和其他表达方式。学生开始接受学校教育之前，他们已经掌握了丰富的词汇和一系列数学的术语和概念。为了进行交流、描述、解释与论证，他们已经发展了某些语言的“样式”。

- 原始的数学概念——学龄前儿童研究产生的数的概念，其他还有关于大小、下一个、在……之间、角度、多少、相同、相似、少于、多于、数、形状等概念。

- 行为要素——分类、简单的度量、确定方位与方向、游戏的组织与规则、手工制作和制定计划等。

- 常识性经验（与数学有关的）——艺术、建筑、音乐与其他课外知识。

这些活动要素像一种“无形的重力场”，影响着儿童的数学活动。

接受“民族数学”这一概念，人们自然会提出如下一些问题：在（地区的）的文化中，是否也存在某些“土产”数学成分？在数学教育中，如何利用这些“资源”？其中，值得注意的是所谓“三种数学”概念。按照这种观点，实际上存在着三种数学（由高到低排序）：（1）作为科学的数学；（2）作为学校教育任务的数学；（3）民间数学。

从学校数学课程的发展来讲，在小学数学课程的开发中，是否应当更多地关注民族数学？当发展“校本”数学课程时，是否可以充分利用这些“资源”？尽管人们更关注数学在新技术或现代经济活动中的应用，但是学生日常生活中的数学经验仍然是大可利用的。其实，数学课程设计者和数学教师已经做过许多努力，也积累了大量的经验。在 20 世纪 60—70 年代，我国数学教育工作者就做过这方面的探索，积累了宝贵的经验。今天仍有一些数学教师继续做着这方面的探索。

“土产”数学和儿童数学活动的文化基础等概念的提出，使们能更自觉地利用这些“潜在资源”。一个例子是关于“汉语言文字”的教学可能对儿童数学学习的影响。曾经有一段时间，人们认为汉语言文字（包括所具有的形意文字特征）难认、难学，汉字用计算机输入难，书写形式不利于科学技术交流等。但近些年来，人们越来越认识到汉语言文字的优势。除了在汉字计算机输入方面所取得的进展外，人们还提出了一些问题，如学习汉字是否有利于“右脑”的开发？还有人认为，汉语的特殊韵律有利于对乘法表（口诀）的记忆等。甚至还认为，虽然汉字复杂的图形结构给初学者带来了困难，但对儿童来讲，书写识别汉字的过程也是一种“早期的数学活动”，有利于培养儿童的空间想象能力。①

总之，民族数学的引入，给民族教育、数学教育注入活力，从而推动全民数学教育的发展。

第三节　民族数学文化的含义

数学作为一种文化，理所当然地受到文化传统、社会发展的影响。人类文化对数学影响的一个典型例子就是民族数学。吕传汉教授、汪秉彝教授据

① 课程教材研究所数学课程教材研究开发中心著．数学文化［M］．北京：人民教育出版社，2003：244-246.

豪森（A. G. Howson）和威尔森（B. J. Wilson）在《九十年代的中小学数学》中曾做的描述："在所有社会文化群落里存在大量的形形色色的工具，用于分类、排序、数量化、测量、比较、处理空间的定向……按明确规定的目标或意向操作这些工具与其说是一种特定的实践，倒不如说是可以认识的思维模式的结果。这种思维模式和系统实践的综合已经被称为有关文化群落的'民族数学'。"

民族数学文化可以理解为存在于民族文化群落里的数学思维模式及其系统实践的知识综合。①

通俗地说，民族数学文化就是由某一民族在社会生活、生产实践中发现、发展起来的、具有民族文化特征的数学思想、数学理论、数学方法，并在本民族现在的生产、生活及文化领域内仍被广泛地传承和使用。

一、民族数学形态②

这里所说的民族数学范围包括具有民族文化特征的几何图形、数字等。这也是数学文化的民族数学形态。民族数学形态可分为以下两个方面。

（一）神数术

各民族或各个文化的发展中都出现过"神秘数论"现象。法国学者列维-布留尔（Lévy-Bruhl，Lucien，1857—1939）进行人类学考察后得出结论：数在集体表象中又与某种神秘的属性相联系。数在集体表象中的神秘性在不同原始民族有其不同的表现。有的原始民族的"1"表示善、秩序、完美、幸福的本原；"2"表示混乱、缺陷的本原。又如，毕达哥拉斯学派"神数论"观点认为，在一切数中，"1"是最基本的，它是一切数学的开始，计量一切数的单位，万物的第一原则。毕达哥拉斯学派又认为，宇宙是对立的，只有"1"还不能解释它，还必须有和它对立的"2"。因此，"1"和"2"在一系列方面都是对立的。相对于"1"讲，"2"这个数处于次要的地位。毕达哥拉斯学派对1到10的数赋予各种意义，有些数具有数学的意义，有些数同时也具有神秘意义。数的神秘性并不是西方独有，中国传统数学文化中也蕴含

---

① 吕传汉，张洪林．民族数学文化与数学教育［J］．数学教育学报，1992，1（1）：101-104.

② 代钦．释数学文化［J］．数学通报，2013，52（4）2-3.

着极其丰富而深刻的数字神秘论内容。例如：一表示开始、全；二表示阴阳、矛盾；三表示多和天、地、人。《老子》第四十二章所言："道生一，一生二，二生三，三生万物。"这里更蕴含了深刻的含义。又如，《尚书·洪范》中的"五行：一曰水，二曰火，三曰木，四曰金，五曰土"。《周易》中的"从八卦到六十四卦"及"天数九"等都蕴含着原始的宇宙观和哲学观。数字崇拜不仅在古代原始民族、古代文化中具有重要的地位，而且在现代社会中不同民族也保存着不少数字偏好的文化现象。例如，人们对吉祥数字的考虑及举办婚礼、服务业开业典礼时选择日子等。又如，蒙古族和藏族等民族注重奇数"9"等。这种现象在祭祀活动、日常接待礼仪等活动中较普遍。由此可见，数除了表示事物数量外，还具有某种神秘的性质。数的这种神秘性在不同民族有其不同的表现形式，但都是被用来表示或解释某些事物、事件的。这从一个侧面反映原始人试图用数来解释自然现象，体现一种原始的神数自然观。有时现代人也用数来表示一些自然现象和社会现象。

（二）民族图案

民族图案是数学文化中的一块瑰宝。每个民族成员不仅能自然地辨别自己所属民族的几何图案、符号，而且也能直觉地认知其他民族的几何图案和符号。这里不需要逻辑证明即可心领神会。数学文化中包括了与数学有关的民俗内容。

二、民族数学文化的表现①

（一）民间数学文化

其特征是普及性、渗透性及非规范性。一般存在于生产活动和日常生活中，是人们间接地和不自觉地使用的数学知识和参与的数学活动，所反映的数学思想方法往往被具体情景所掩盖，不一定具有普遍的适用性和规范性。这种数学文化，是人人都参与的数学文化活动，并渗透到各种社会活动中。计数、测量、民间历法、度量、定位、数学游戏、计时、建造房屋、刺绣、

① 吕传汉，张洪林. 民族数学文化与数学教育［J］. 数学教育学报，1992，1（1）：101－104.

工艺品等，皆属此类。

(二) 科普数学文化

这是形成一定理论的数学文化。其特征是学科性、普及性及应用性。与民间数学文化相比，它隶属于科学内容，基本上反映了一个民族的素质需求。中小学数学教育的主要内容就是这一水准上的数学文化。

(三) 尖端数学文化

其特征是抽象性和非普及性，反映少数专业数学家的研究成果。这一数学文化，随着时代的发展而变化。一般说来，它是各民族互相学习、吸收而形成的，往往为全人类所共有。在文化交往日益频繁的今天，吸收其他民族优秀的数学文化成果，以发扬光大本民族的数学文化，是弘扬民族数学文化的重要途径。

三、民族数学文化的特征

民族数学文化的特征主要表现在以下方面。

(一) 认识观及其认识风格

例如，古希腊数学与中国古代数学就代表了两种对数学的不同观念与风格。古希腊人重演绎轻应用，而中国古人则相反。近年来，国内外有关跨文化的研究也表明，不同民族的认识风格是有差异的。

(二) 独特的数学活动

近年的研究表明，国内外的少数民族在计数、历法、定向等方面都有自己独特的方法，虽然从科学的意义上来说，大多数是不科学的，但这些独特的数学活动也是民族数学文化的组成部分。

(三) 发展水平

从历史来看，有的民族数学发展处于较高水平，并演变成全人类的数学文化，也有的融合于其他民族的数学文化之中。

第四节　少数民族数学文化研究

20世纪80年代到90年代，国际民族数学研究主要表现为三个趋向，即非西方社会中的数学知识、社会中不同族群的数学知识和传统文化中的数学知识。其中非西方文化中的数学相对于希腊数学或西欧数学而言，意图摆脱对数学认识的欧洲中心主义；社会中不同族群的数学，即“本土数学”，相对于主流数学而言，旨在解冻少数族群中的数学（体系）；传统文化中的数学，强调不同文化群体都有其独特的数学化方法。鉴于此，有学者将民族数学大致分为非西方文化中的数学、少数族群的数学和通俗数学三类。这就要求研究视角具有广泛性，不仅要关注不同文化族群中的数学差异，而且要关注类似“街头数学”等日常生活中的数学、传统文化中被遗忘的数学及类似印加文化与非洲文化中被压制的数学等。

目前，国外民族数学研究已经有所拓展，从最开始的理论探讨与争辩逐渐转向实践导向的研究，特别是数学教育背景下的民族数学的研究，也不单局限于民族文化中的数学元素与数学思想的挖掘及教育学转化与民族数学在数学教育中的实践，研究者们开始关注民族文化价值观对数学教育的影响等。①

加强少数民族数学文化的研究，充分彰显少数民族数学文化，为基础教育阶段的学生提出必要的数学学习背景具有现实的意义。我国少数民族数学文化的研究，历经了30余年。纵观现有研究，主要体现在下述方面。

一、少数民族数学文化的理论研究

从现有研究成果来看，吕传汉、张洪林对民族数学文化的内涵、特征、表现及意义方面做了探讨；郑毓信在理论上曾指出，“民俗数学”有两个不同的研究方向，即关于数学的人类文化学研究以及“日常数学”与“学校数学”的对立与转化。另外，通过对后一方向上若干研究工作的具体介绍，突出强调了数学教育的重要意义。例如：数学教育与“文化冲突”；“日常数

---

① 张维忠，程孝丽．国外民族数学研究评述及启示［J］．西北民族研究，2017（2）．

学”的特征及其局限性；如何更好地实现由“日常数学”向“学校数学”的转化等。

二、对少数民族数学发展史的研究

研究者们对我国藏族、羌族、彝族、水族、黎族等少数民族数学的形成与发展进行了研究，分析了数的概念的形成与发展，使用的计数工具从实物计数到符号计数再到文字计数的演变发展。

在数的计算方法亦即计数方面，藏族丰富的数学文化承载着悠久的历史传统。藏族人民过去常用念珠、筹算等计算器具，藏族有独特的计数方法，很早就有了九九乘法口诀表，藏族传统的计算方法沙石算法和沙盘算法已形成理论体系。藏族传统数学以算法为中心，注重解决实际问题。对于藏族文化中的几何图形，研究者从旧石器时代，新石器时代早、中期，新石器时代晚期，金属时代早期等不同时期出土文物的形状，详细地分析了当时人们具有的几何图形观念、构图能力和审美意识，反映了藏族几何图形由简单到复杂的发展历程。从研究中可以看出，藏族先民在数与形概念的掌握、计数工具的使用、算法理论体系的形成、几何作图能力等方面均有突出成就和贡献。

对羌族的远古数学进行的初步研究表明，羌族有数的概念和计数工具；计数工具多用石子、玉米或豆类，将其放在器皿中计数，也有用木片作计数器，在其上刻条纹记数；在计量方法及单位上有长度、容积、面积、行程、时间等非精确的度量单位。在出土的羌族文物中有丰富多彩的几何图案，如正方形、矩形、平行四边形、菱形、圆、平行线、弧及流畅的波纹曲线等。研究表明，古羌人在解决生活和生产的实际问题中形成了各种计量方法，并有各种几何图形的应用。

对彝族数学文化的研究表明，彝族先民很早就有了数的概念与计数方法，有小数概念，奇数、偶数概念，独特的算术四则运算。其中乘法以实物计数，类似于汉族的筹算，九九乘法表很早就流传于民间。

研究者发现，水族丰富多彩的计数方法，水族的古物例如铜鼓、石棺古墓、石桥建筑上除了图画和图案外，还有不少几何图形，展示了水族先民已有一些几何观念。水族的天文历法里蕴含丰富的数学知识，流传的民间故事、歌谣里也有丰富的数学文化知识。

对黎族数学史进行的研究表明，黎族有数的概念，简单的计数方法和加减运算，多种进位制，非精确的计量单位。黎族先民的几何知识在出土文物、传统工艺品中均有表现。

以上这些研究中，主要从数、运算和形方面对少数民族的数学史进行了研究。各少数民族都有本民族关于数的概念与计数方法。独特的计数（运算）方法，对于形的认识，主要从出土文物，即少数民族的先民对几何图形的应用上表现出来。

三、少数民族传统生活中的数学文化研究

中国少数民族文化中蕴藏着丰富的数学文化，它们主要表现在建筑、服饰、绘画、计量单位及天文历法等方面。我国数学教育研究工作者开展的少数民族传统生活中的数学文化研究，取得了丰硕的成果。

四、少数民族数学文化应用于学校数学教育的研究

跨文化数学教育学者吕传汉教授等提出的如下问题值得进一步关注和研究。①

（1）民族数学活动、数学知识考察，如计数历法、棋类、算筹、定位、度量、编织、刺绣等。

（2）民族数学文化与汉族数学文化的比较。

（3）少数民族学生数学学习障碍的文化因素分析。

（4）数学课程如何在较低水平的数学文化与具有科学性的数学文化之间取得平衡？

（5）评价数学课程的文化标准是什么？

（6）对于各文化群体，有哪些共同的价值观念、数学思想方法可作为课程的主要内容？

20 世纪 80 年代中期，贵州师范大学吕传汉、汪秉彝教授提出了“跨文化数学教育理论”。跨文化数学教育研究就是对不同文化背景下的数学教育特点和规律的研究，其宗旨是努力改善文化背景中不利于学校数学教育的因素，

---

① 吕传汉，张洪林．民族数学文化与数学教育［J］．数学教育学报，1992，1（1）：101-104.

不断缩小与先进地区学校间的数学教育差距。在吕传汉、汪秉彝教授的带领下，数学教育工作者做了数学课堂的跨文化教学实验研究——中小学“数学情境与提出问题”教学模式实验研究，其课堂教学模式在全国中小学校推广，为我国跨文化数学教育理论奠定了基础。

近10年来，我国数学教育研究者在挖掘少数民族文化中蕴藏的数学文化的基础上，从跨文化数学教育理论视角，进一步开展了民族数学文化运用于学校现实数学课堂的研究，并取得了积极的成效。

思考题

1. 少数民族文化有哪些基本特点？
2. 讨论关注民族数学文化的出发点。
3. 少数民族数学文化的教育意义是什么？

第六章　少数民族传统生活中丰富多彩的数学文化

民族数学文化的研究在我国历史还不长。已有的研究表明，我国少数民族文化中，各个少数民族大都有自己对数量及几何知识的认识，但多处于实用阶段，没有形成系统的数学理论体系。生活中对数学知识的应用，体现朴素的实用思想，尤其是几何纹样中体现平移变换和对称思想等。

近30年来，国内数学教育研究者尤其是民族地区的数学教育研究工作者，开展了对民族数学文化的研究，取得了令人振奋的成果。本章主要介绍我国尤其是云南、贵州数学教育研究者取得的少数民族数学文化研究成果。

第一节　几何纹样①

一、概念的界定

几何纹样是人类在生活中根据自然物体的存在形式通过艺术手法，用抽象的几何图形创造出的具有规律性表现形式的图案。

二、纹样的构成形式

单独纹样：一个独立的个体纹样的造型表现形式（图6-1）。

① 本节由西南大学教授黄燕苹博士撰写。

图 6-1　刺绣

图 6-2　刺绣

连续纹样：由一个单独纹样向四周连续复制而成的组合纹样（图 6-2）。

（一）单独纹样的造型表现形式

单独纹样的造型表现形式包括中心对称纹样（图 6-3）、旋转对称纹样（图 6-4）和轴对称纹样（图 6-5）。

图 6-3　中心对称纹样（苗族刺绣）

图 6-4　旋转对称纹样（苗族刺绣）

图 6-5　轴对称（水族的马尾绣）

图 6-6　中心对称—轴对称—旋转对称

（二）连续纹样的构成方式

连续纹样的构成方式主要是初等几何的全等变换、平移变换、旋转变换、轴反射变换。

平移变换包括共点平移（图 6-7）、共线平移（图 6-8）、等距离平移（图 6-9）。

图 6-7　苗族织锦（共点平移）

图 6-8　土家族织锦（共线平移）

图 6-9　景颇族服饰
（等距离平移）

图 6-10　苗族刺绣、彝族织锦
（旋转变换）

图 6-11　土家族织锦双阳雀
（轴反射变换）

图 6-12　壮族织锦
（轴反射变换）

三、几何纹样的构成要素——点、线、面

点：在几何纹样中，点以视觉表现为前提，是一种具有空间位置的视觉单位，因点是可视的细小图形，它不仅具有大小，而且具有不同的形状，占据相对的面积（图 6-13）。

图 6-13　壮族织锦

线：几何纹样中，线是可视的细长之形，它既有长度又有宽度，并占据相对的面积（图 6-14 至图 6-17）。

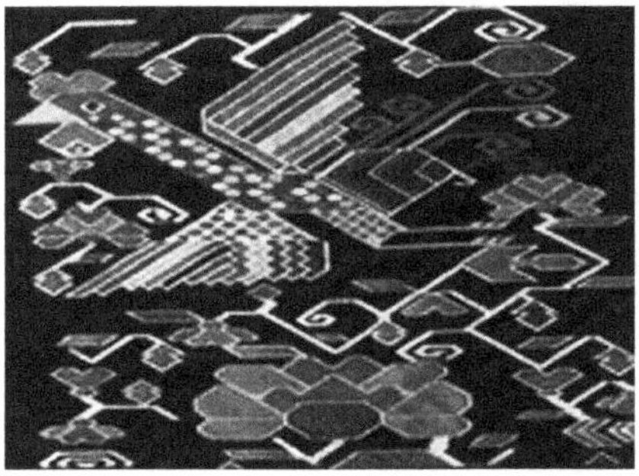

图 6-14　土家族织锦（凤穿牡丹）

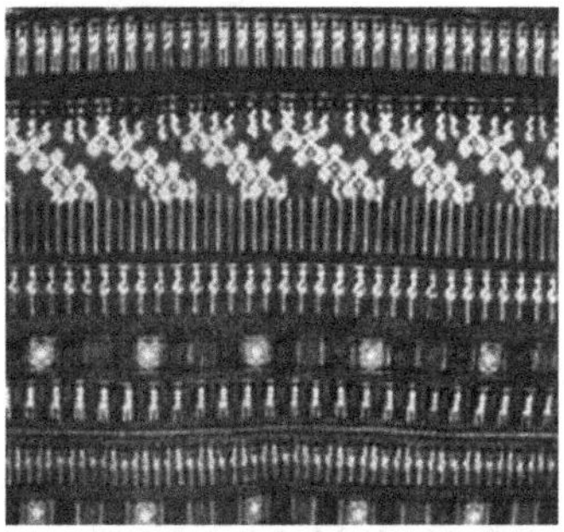

图 6-15　黎族织锦

图 6-16　傣族织锦

图 6-17　哈萨克族刺绣

斜线具有飞跃向上的感觉；垂线给人以严肃、坚强和阳刚之感；水平线具有静止、安定的感觉；曲线给人以温柔、优雅、丰满、奔放、欢快的感觉。

面：面的视觉表现仍然是平面几何中的平面形象，主要是以点、线、面通过几何方式构成，具有强烈的数理性和秩序感，显得简洁、锐利、明快、冷峻。

在图 6-18 苗族刺绣中，将“正方形”看成“点”，由等距离平移的方式构成“线”，再由线的连续等距离平移复制而构成“面”，“点”的踊跃则给人以明快的节奏感。

图 6-18　苗族刺绣（等距离平移）

四、纹样的创作思维

（一）形象思维

形象思维是在对形象信息传递的客观形象体系进行感受、储存的基础上，结合主观的认识和情感进行识别，并用一定的形式、手段和工具创造和描述形象的一种基本的思维形式。

几何纹样设计的形象思维，是指模仿造型对象的某些典型的表征形态特征，用相似的几何形态元素来表现原有形象的一种设计思维（图 6-19）。

图 6-19 土家族织锦（马毕花）

（二）抽象思维

抽象思维是人们在认识活动中运用概念、判断、推理等思维形式，对客观现实进行间接的、概括的反映的过程。

几何纹样设计的抽象思维，是指将造型对象的某些典型的表征形态特征和文化特征，提炼为纯粹的几何形态元素表现原有形象的精神特征与神韵所用的夸张处理（图 6-20 至图 6-25）。

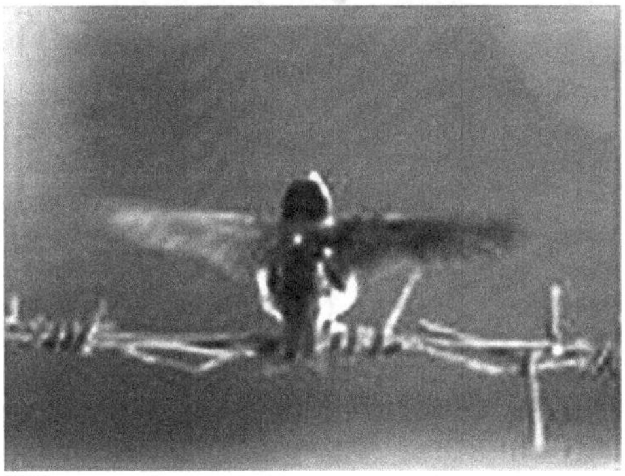

图 6-20 燕子

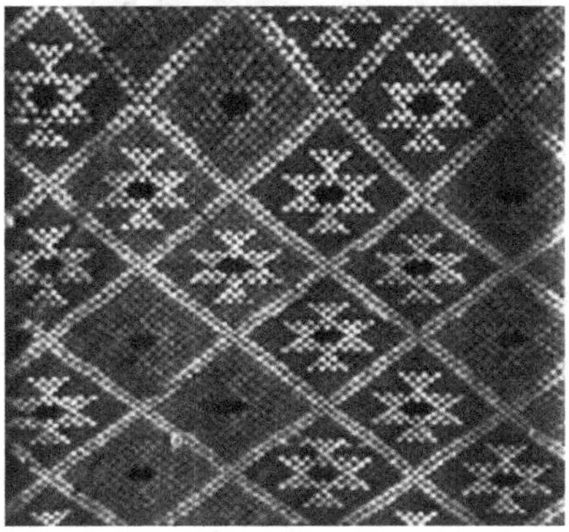

图 6-21 土家族织锦（燕子花）

图 6-22　傣族孔雀图

图 6-23　藏族服饰图形

图 6-24　黎族青蛙图

图 6-25　贵州瑶族蜘蛛图

启示一：少数民族的服饰纹样是各少数民族通过对周围自然物象的观察，运用抽象的几何元素对自然形态进行主观理念的归纳、简化、夸张、抽象等而形成的服饰图案。这些图案具有共同的数学组织形式和构成形式，是少数民族数学教育不可多得的素材。

启示二：各少数民族由于其居住地区的不同，经济生活和文化类型的差异，其服饰纹样各具鲜明的民族特色、浓郁的地域特征、独特的审美情趣等，少数民族都用其特有的方式在服饰上展现着自身的数学文化，这是了解各少数民族教育对象思维方式的有效途径。

启示三：除服饰纹样外，中国各少数民族还通过其他不同的载体、独特的形式和特有的传承方式记录着各自民族的数学文化，如陶瓷的纹样、建筑的装饰纹样、建筑物的形状、历法等。充分挖掘和展现少数民族的数学文化是发展少数民族数学教育的重要基础。

第二节　佤族传统生活中的数学文化

在云南本土学者中，首先开展对云南少数民族数学文化研究的是余开龙、李胜平、娜嘎。其对西盟佤族传统民族数学的研究表明①，传统民族数学还只是处于简单的记数和初级的算术加法、减法运算阶段，对几何知识的公理化推理积累较少，在建筑、生产工具、服饰、首饰、餐具上所反映的几何知识，主要以对实体的再现为主。随后赵莉霞、穆志勇、靳林等从佤族传统生活中的计数方法、几何知识应用、度量衡、熟语等方面进行了进一步的梳理。②

一、计数方法

佤族人民长期生活在平均海拔为1500—2000米的平坝较少、交通闭塞、贫穷落后的山区。他们对数学的认识长期处于常量数学的初期阶段，佤族人民根据生产劳动和生活的需要，创造了多种多样的计数方法。

（一）刻木计数

这是佤族先民使用较早的一种计数方法。佤族没有文字，不得不用刻木、结绳等方法，作为表示数字或事件的记录方式。佤族的刻木一般用半寸或一寸宽长度不等的竹片，边上刻刀口以示意或记时日或记其他的数量。

（二）算筹计数

佤族先民常借用作物种子、石子、竹、木和草段等来计数或作为领取物品的凭证。这种计算方法沿用至今。

① 余开龙，李胜平，娜嘎．西盟佤族传统民族数学调查报告［J］．普洱学院学报，2008，24（2）：11-13.

② 赵莉霞，陈文华．数学理论与教育实践［M］．武汉：武汉大学出版社，2014.

（三）偶数计数

佤族在日常生活中，有时是按偶数的基本概念来计数的。《达赛玛的传说》中有这样一段："他拿出一把蜡烛，在长老前额上点一对，每只手腕上各点一对，胸前点一对，两只脚上各点一对，然后把剩下一对点燃拿在自己的手上。"这暗示着佤族能用偶数来计数。这种以"对"来计较大数目的方法使用简便，经久不衰，至今还在佤族地区中留存着。如每当佤族的重大节日，他们欢聚在一起，摆长宴席，把一捆竹筷以"双"为计数单位，发放给乡民们，即"1 双、2 双、3 双、4 双……"这样数下去，看起来是按基数词的顺序来读数，实际上是用偶数"2、4、6、8……"来计数的。

二、度量衡

为了生产生活的需要，佤族创造了自己的度量衡，但较原始，且由于居住的环境不同，村寨又分散，佤族度量衡使用的情况各地不尽相同。

（一）度

佤族关于距离远近的表述较模糊。佤族先民生存的自然环境和人文环境很封闭，他们对这里的地区地势山名、河流的名字非常熟悉，当说到某个地点时，总是能在脑子里清楚地出现一张地图。所以他们在需要表示距离时，只要表明是哪个地点就行了。有时他们也用副词和形容词来表示距离。例如：远，佤语 singāi（西埃）；稍远，佤语 nlai singāi（若西埃）；特别远，佤语 gīad singāi（可西埃）。有时用太阳的变化来表示距离的远近，如以早上出来时太阳刚出来，到达目的地时，太阳已落山，来说明路程较远。

关于物的高低，往往用一竹竿、一掌楼台作尺度来表示。

关于长短，佤族经常以人体自然关节作为尺度，有时使用皮索、牛绳、麻线等工具，虽然这些方法较原始，但它是佤族丈量木材、土地宽度、建筑物、布匹等物时，随时随地可利用的天然计量单位。所以在佤族地区又是相当普遍的方法。

常用的计量单位

以上用来表示长度单位的量词，是佤族量词传统中最早产生的，生命力也最强，到现在有的佤族地区还在使用这类方法。如佤族传说中，有一位巨人是“人九庹脸九肘，一顿能吃一箩米”。

（二）量

在佤族先民的采集、狩猎、战争、祭祀和生产中，集体合伙的生产方式最先遇到的问题就是对收获物的分配，为适应生活的需要，佤族便创造了箩、篮、碗、罐等早期的计量工具，量器各地又有所不同。

常用容量单位换算方法：

1 刊=2 箩=10 盛=20 半盛=30 大筒=40 小筒；1 盛=2 半盛=3 箩=4 小筒；1 大刊=2 大箩=1.2 刊=12 盛；1 大箩=6 盛。

上述量器因各户所制大小不一，没有一个准确的统一计算标准，量的单位进制有二进制、四进制、十二进制等，但估计收获量和分配物件时，它又是最方便易行的计量工具，于是到现在佤族人民仍在使用这些量器。

（三）衡

佤族使用的衡器有土制的和傣族所制的两种。土衡器较简单，以直木条作杆，以小石块或铁块作秤锤，木条上面任意制上几道口子作为记号，中间系上吊绳，石块和分配或交换的物品分别吊在两端，这种秤法，也没有固定的单位，只作分配或借贷时称量的一个标准而已。

现代佤族生活中，有些计量单位仍在使用。如佤族结婚时的聘礼为盐白三石匕、黄牛驮三条。

三、黄金比例在佤族生活中的表现

佤族服饰是为适应山区生产、生活特点而形成的，在式样和装饰上反映着本民族文化特色。明清时期的佤族男女服饰是“青蓝布短衣裤”配以“红滕缠腰”。近代佤族服饰崇尚黑色，男子服饰一般由包头、无领左衽短衣和短而肥大的长裤组成。妇女服饰可分为短衣长裙、短衣短裙、短衣长裤裙和短衣长筒裙四种类型。

佤族服饰的裁缝是以“手指为基本尺度的”，服饰的样子轮廓是衣长与裤长或裙长的比例为 2∶3；上衣胸围大体上相当于衣服全长的 2/3；袖子是直筒式，袖子的宽与长度的比例为 1∶3；肩宽和裙围的宽度比例为 1∶3。可见佤族服饰结构的比例关系大致有 1∶3 或 2∶3。其中 2∶3 是人类最完美的黄金比的近似值，而 1∶3 正是 2∶3 的一种补充。从视角的角度来说，1∶3 的比例结构也是很美的。

图案是佤族人民在长期生产生活实践中创造出来的民间艺术珍品，他们的刀把上、耳环、头箍、筒帕、童帽等都有几何图案，或花、草、星云、动物等的图纹。常见的有三角形、方形、矩形、圆形、菱形、平行线、十字纹、万字纹、水波纹等。就菱形而言有两种，一是两对角线相等，二是较短的对角线与较长的对角线之比值近似黄金比 0.618。

佤族在千百年的实践中，对以人类自己为代表的比例形体最熟悉和亲切，所以，凡是符合这一规律的事物，自然而然使人产生美感和舒适感。也就是说，数学美学思想对佤族赋予了创造自己文化的灵感。

四、简单几何知识的应用

佤族先民早在 3000 多年前创造的沧源崖画中，就已广泛应用了简单的几何图形，虽然没有关于这方面的专门记载，但可从多面的事例和实物进行分析考证。

（一）沧源崖画

沧源崖画目前共发现有 15 个点，1000 多幅图像。其中，1 个村寨，1 条道路，75 间房屋，187 个动物，785 个人物，还有 35 个各式各样的表意符号，表现了佤族先民狩猎、采集、战争、舞蹈和祭祀等多种场面。崖画中人物以正面律作图，由简单几何图形组合而成：画个椭圆就是女儿身，画个三角形就是男子汉，加上粗粗的线条就是手和脚；短线是手，长线是脚，直线是站立，折线是行走，弯线是飞跑，弧线是起舞……人物中的头饰、耳饰、尾饰及使用的弓、弩、矛、盾等器物均用圆形、方形、内弧形、外弧形、三角形、短线等几何图形表示出来。较大较复杂的舞蹈、村落等的内容，采用“散点透视法”进行构图。崖画中广泛应用几何图形，画面很好地表现出数学的对称美、简洁美与和谐美，它可算是佤族几何发展史的一个有力物证。

佤族地区的民居建筑、木鼓、瓜形棋、牛角棋及民间中各式各样的手工艺品，如编织、制陶、木雕、纺织、银饰等。不论是大物还是小件，都有不少的几何图形，特别是制陶工艺，能利用慢轮的转动，使陶器表面光滑，应该说佤族也认识到慢轮运动的轨迹是圆。这说明几何观念大量地蕴藏在佤族人民的现实生活中。

（二）齿轮

佤族早期就会进行棉花种植，为了脱棉籽的需要，发明了齿轮，制作出脱棉机，称之为“考干更”。“考干更”由“两根长 50 厘米和两根长 35 厘米，直径约为 5 厘米的木条制成长方形的木框。在 50 厘米长的两根长条上端各挖两个小圆孔，加上两根小圆木，两根圆木并拢，两端各刻有 4—5 个齿的木齿轮。这似乎暗示在很早的时期佤族人已具备了将圆周作若干等分的能力。

上述的事例和实物中，表明早期的佤族人民不仅有了几何图形的观念，也隐隐约约地知道这些图形的特点，还应用这些基本几何知识加工工具。制陶工艺和“齿轮”的出现，反映出佤族关于圆的更丰富的知识。

五、佤族熟语中的数学知识

高尔基有句名言：“如果不知道人民的口头创作，那就不可能懂得劳动人民的真正历史。”佤族过去没有文字，许多有关佤族社会历史、风俗人情、典章制度、道德观念及生产活动中的情况和经验，为了便于表达记忆和传诵，都编成骈俪语，即佤族熟语。从搜集整理的佤族 4240 条熟语中发现，有很多涉及数，他们有时用数来夸张，有时用数打比喻，数的用途非常广泛。

佤族人民善于用数来表述生产生活情况和经验，通过数的应用，把事情精练、生动、富有表现力地描述出来，还夹有乘法口诀，如两个 8、两个 9、3 个 50、5 个 100 等。表明佤族在很早的时候就懂得了九九表，显示出佤族在四则运算中的另一个侧面。

通过深入佤族乡山寨考察，查阅有关书籍，对现有搜集到的一些资料进行初步分析，可以认为佤族因其所处地理环境和历史发展的影响，对数学知识的认识还处于初等数学的早期水平，内容相对零碎且贫乏，不具系统性，但注重实际应用。

第三节 德宏傣族传统生活中的数学文化①

傣族在国内主要聚居于云南省，主要分布在德宏傣族景颇族自治州和西双版纳傣族自治州及耿马、孟连、新平、元江的河谷坝区，小部分居住在景谷、景东、金平、双江等30多个县区。

一、傣族文化中的数与计量单位

（一）数的概念

关于傣族数的说法有两种。一种说法是历史上傣族只有整数、序数的概念，至于分数，如1/2，1/3，只能进行语言描述，也就是说没有分数之说；另一种说法是和众多有文字的少数民族一样，傣语中存在基数、分数、序数的概念，基数中又有奇数和偶数的概念（这种说法是在外来文化对傣族文化的影响之后了），拥有自己的发音、相应符号表示，并且有自己独特的构造规律。

（二）数的运算与计算方法

1. 数的运算方法

在调查采访中了解到，历史上的傣族在生产生活中用到自然数的加减运算，但无运算符号，只是用语言表达。傣语中没有乘法运算，而是把乘法转化为加法；傣族除法在分东西时经常用到，其方法既原始又独特，不是直接做除法运算，而是通过减法来实现。例如，把40根香蕉平均分给5个人，他们不是一次性每人分得8根，而是逐次轮流每次只分1根，共分8轮，结果每人得8根。分谷物也与此类似，先用大箩轮分，剩下不足大箩分时改用小箩分，直到分完为止。

2. 数的进位制

傣族人民在长期的生产生活中用到几种数的进位制：二进制（容积、长度单位中）；十进制；十二进制（历法中）；四十进制（重量单位中）。其中

① 周长军，申玉红，杨启祥. 文化中的数学智慧［M］. 昆明：云南大学出版社，2011：24-34.

十进制和汉族一样，被广泛使用。

（三）度量衡的计量方法与工具

傣族的度量方法来源于人们日常的生产生活，与生产生活密切相关。

1. 长度单位

第一种是图 6-26（节），指手指一节的长度。

第二种是图 6-27（指），指手指的长度。

第三种是图 6-28（拃），指伸开手掌时拇指与食指（或中指）顶端的距离。

第四种是图 6-29（肘），指伸直手臂后胳膊肘到中指顶端的距离。

第五种是图 6-30（半排）指伸直手臂后胸的中间到中指顶端的距离。

第六种是图 6-31（一排），指左右伸直两臂后两手中指顶端的距离。

……

另外，在测量周长时，伸开双臂抱测量物，两手中指顶端的距离称为“［kɔt^{11}］”。

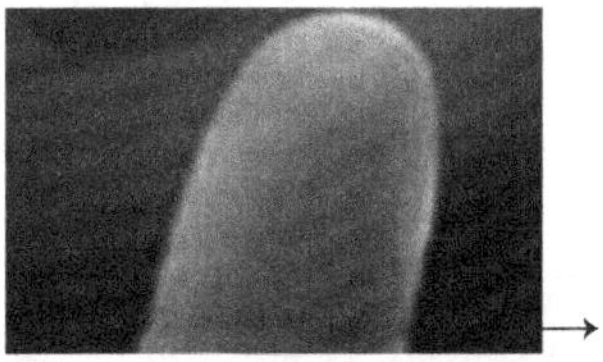

图 6-26　一节

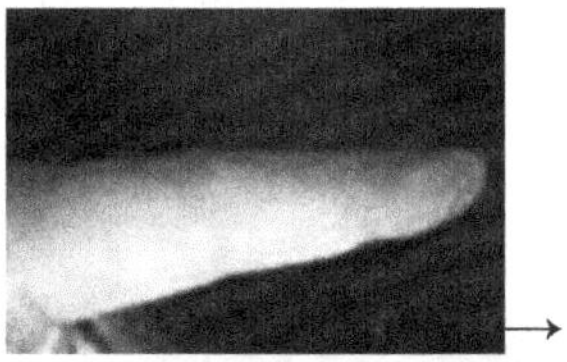

图 6-27　一指

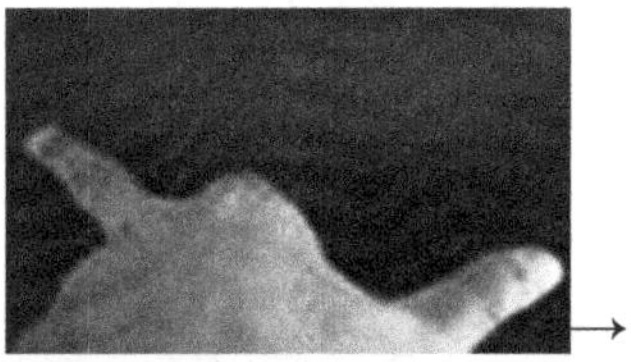

图 6-28　一拃

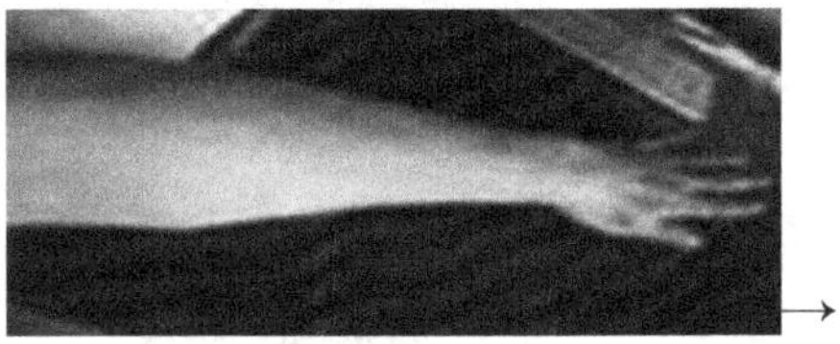

图 6-29　一肘

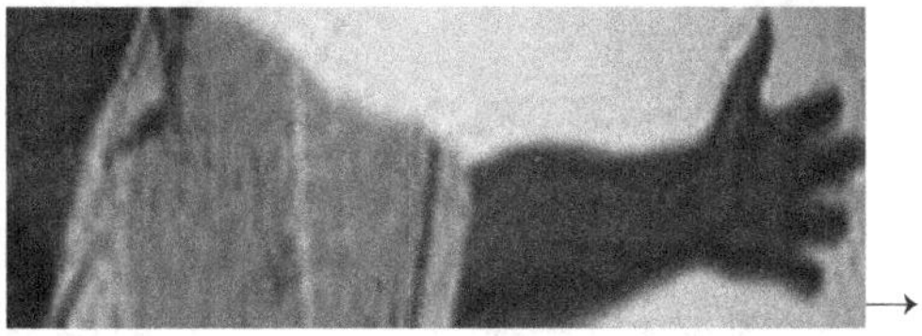

图 6-30　半排

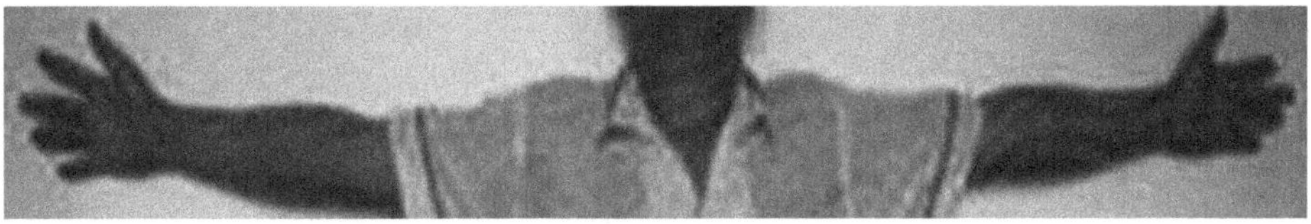

图 6-31　一排

2. 重量单位

中华人民共和国成立前，傣族人使用的重量单位有［fun^{31}］、［the^{31}］、［$\mathrm{hɔŋ}^{33}$］、［$\mathrm{tsɔi}^{43}$］。其中，10［fun^{31}］=1［the^{31}］，10［the^{31}］=1［$\mathrm{hɔŋ}^{33}$］，40［$\mathrm{hɔŋ}^{33}$］=1［$\mathrm{tsɔi}^{43}$］，1［$\mathrm{tsɔi}^{43}$］约为3.33斤。中华人民共和国成立后，为了使用方便，将1［$\mathrm{tsɔi}^{43}$］定为3斤，1［$\mathrm{tsɔi}^{43}$］=30［$\mathrm{hɔŋ}^{33}$］，则［$\mathrm{hɔŋ}^{33}$］就相当于1两，［the^{31}］相当于1钱，10［$\mathrm{hɔŋ}^{33}$］又称为［sin^{11}］，相当于1斤。

3. 面积单位

傣族先民对面积的计量没有统一的标准单位，傣族土地面积是用播种的水稻种子度量的，习惯用一箩种子作为单位，如一块地用了2箩水稻种子，就称这块土地面积为2箩种（其中箩是用竹子编的可以盛东西的筐）。由于不同地方箩的大小不同，在芒市一带1箩种约为4亩。

4. 容积单位

傣族先民对容积（体积）的计量也没有统一的标准单位，有捏、把、捧、升、斗、筲、杵等计量单位（图6–32至图6–34）。其中的换算关系是：十升为一斗；两斗为一筲；十筲为一杵。此外还有众多的其他容器（图6–35至图6–38）。

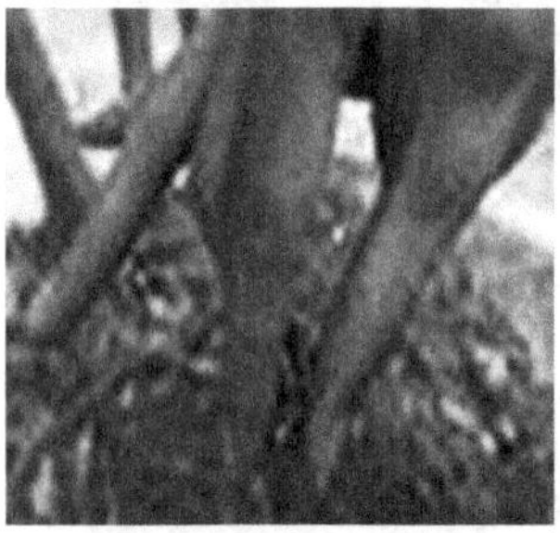
图6–32 一捏

图6–33 一把

图6–34 一捧

图 6-35　竹筐

图 6-36　竹箩

图 6-37　木制及竹制容器

图 6-38　竹制容器

二、德宏傣族文化中的几何

傣族的几何知识，主要从生产、生活中对几何图形的应用上表现出来。有简单的几何图形概念，汉语中的多边形，是以角来定义的，称为三角形、四角形、多角形等，但没有进行细分。他们对几何图形还没有系统概括出性质，也没有精确的计算公式，更没有几何命题的逻辑推理，只处于实用阶段。调查了解到的有代表性的几何图形如下。

（一）德宏傣族服饰中的几何

服饰是人的第二皮肤，是人类物质文明的标志，是一种文化，也是一个民族的标记。各民族在漫长的历史发展中创造了优秀的民族文化，其中包括绚丽多姿的服饰文化。它以种类繁多的款式、特殊的面料质感、鲜艳夺目的色彩审美、精美绝伦的制作工艺和它所蕴含着的深沉凝重的文化内涵，在世界上独树一帜，引起了世界服装界、美术界、民族学界的极大关注。

中国少数民族服饰的纹样被喻为“穿在身上的史诗”，它承载了浩瀚的少数民族文化与历史的信息。各少数民族通过对自然物象的观察，运用几何元素对自然形态进行主观理念的归纳、简化、夸张，有选择地将他们的思想情感、图腾等反映在服饰上。可以说中国少数民族服饰的纹样是少数民族数学文化的一个重要载体。

下面分别以傣族服饰为例，对其中的几何图形的构成形式进行初步的赏析。

1. 织锦

在傣族织锦中，有许多优雅美观的图案，其中有的巧妙运用了直线、折线、平行线、三角形、正方形、菱形、矩形等，构成整齐美观富有装饰风格的几何图形，其中许多图形的构成中已应用了中心对称、轴对称和周期性原理。

在图 6-39 的织锦中，正方形和平行线的有序组合构成了织锦的主题图案，横看、侧看，一组组平行线把相邻的正方形连接起来，大正方形内含有多个同中心小正方形。图中间大菱形图案的两边是由白色圆点构成的直线，使大菱形图案夹在这两条平行直线之间，这两条白色平行线的外侧是很多条颜色不尽相同的与其平行的直线，这些直线构成一定宽度的平面矩形区域，把上面的图案分离开来。这幅织锦几何图案丰富，点线面有机组合，富有强烈的节奏感与美感。

图 6-40 的织锦图案由菱形构成，菱形沿着对角顶点左右平移得到连续图案，大菱形里有多个小菱形。

图 6-41 中几何图形较丰富，有菱形、正方形、三角形、平行线、相交线、垂线等。中间的正方形以它的每条边为边向外分别作 4 个与其全等的正

方形，构成一个“十”字形图案，每个正方形里嵌着一个中心对称图形。图中间部分的大菱形图案，是由3个菱形嵌套而成，菱形边的颜色，由外向里分别是白色、红色、黄色或灰色，最里面的菱形由对边中点连线划分为4个全等的小菱形，每个小菱形里有一个中心对称图案——“卐”字。

图6-39　同心正方形傣族织锦

图6-40　含菱形的傣族织锦

图6-41　傣族织锦（局部放大）

图6-42中的图案主要是由平行线、细长矩形、折线组成。黑色矩形带稍宽，它由10条等距的平行线组成；金黄色矩形带稍微细，两条黑色矩形带与两条金色矩形带等距交错排列，黑色矩形带之间、金色矩形带之间、黑色与金色矩形带之间是等宽的彩色矩形带，其上形状为“∟”的两个折线相交（形成表示祈福之意的“卍”字），构成对称图形。

在图6-43的织锦中，正方形、等腰直角三角形、平行四边形、平行线等的有机组合构成优美的图案，其中大正方形及其内部的小正方形、平行四边形构成一个轴对称和中心对称图案。几何纹样的构成方式有相似变换，全等变换中的共线平移变换。

图 6-42 “卍”字祈福傣族织锦

图 6-43 含多种图形的傣族织锦

在傣族织锦纹样、图案中蕴含着许多数学因素和数学美，如图形的共点平移、共线平移、等距平移、反射、旋转等变换构成了服饰图案的整体美与和谐美。

图 6-44 佛幡图

上面两幅佛幡图（图 6-44）的形状为矩形，图案有佛寺建筑、几何图形等，其中佛寺建筑图案成中轴对称，显现出一种分量上的平衡。左图两边是菱形平移得到的连续图案，外边是由等腰三角形平移得到的图案。左右图案由 3 条平行线将其分离开，这 3 条平行线间又嵌有菱形和平行线。两幅图整体图案也是对称的，体现出对称美。

2. 服饰

在傣族服饰中，有许多图案，其中有的巧妙运用了直线、平行线、折线、正方形、菱形、矩形等，其中许多图形的构成中已应用了中心对称、轴对称、全等变换、相似变换和周期性原理（图 6-45）。

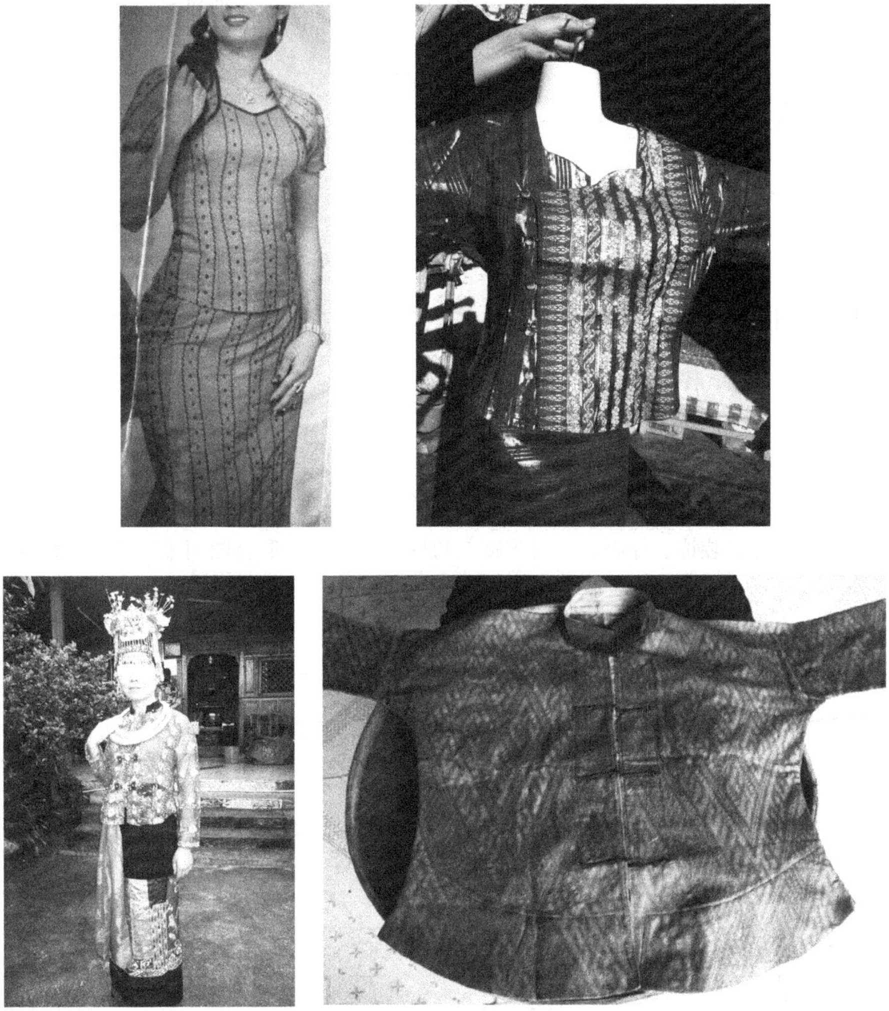

图 6-45　傣族服饰

德宏傣族服饰中的数学元素（表6–1和表6–2）。

表6–1 德宏傣族女子服饰中的数学元素

服饰名称	社会功能	蕴含的数学元素	几何特征
①筒帕上的图案	装饰、盛钱财	长方形、正方形、三角形、菱形、平行线、折线	轴对称、中心对称、平移、轴反射变换
②包头	头饰、护发	圆柱形、矩形	轴对称
③腰带	系裤、护腰（身）	等腰三角形、长方形、菱形	轴对称、中心对称
④银泡装饰图案	装饰、展示美	面积为8平方厘米的正方形	轴对称、中心对称
⑤筒裙上的图案	装饰、展示美	等腰三角形、菱形、矩形、“卐”字文、平行线、垂线	轴对称、中心对称、周期性、旋转变换、平移变换、相似变换、比例
⑥傣族织锦	生活用品、装饰、旌幡	回纹、“卐”字纹、勾纹、八瓣花、点、线、面、三角形、菱形、矩形、平行四边形、平行线、折线	中心对称、轴对称、周期性、平移变换、相似变换、点线面有机组合
⑦内衣（背心）、外衣图案	装饰、保暖、护胸	等腰三角形、菱形、矩形、平行线、曲线	轴对称、轴反射变换、平移
⑧银腰带	系裤、护腰（身）、示爱的信物	长方形	轴对称

表6–2 德宏傣族男子服饰中的数学元素

服饰名称	社会功能	蕴含的数学元素	几何特征
①包头（头帕）及其上图案	头饰、护发、取暖	长方形、正方形、菱形、平行四边形、圆	轴对称、中心对称
②对襟短衫	取暖	圆形、矩形	轴对称、中心对称
③大裆裤、隆基	取暖（保暖）	矩形、圆柱形	轴对称、周期性
④红色布棉毯	当衣服，谈情说爱	矩方形	轴对称
⑤彩衣、黄色袈裟	信教、习文	矩方形	轴对称
⑥绑腿材料为黑布镶红花边	取暖、护腿	绑腿布为方形	轴对称

由于经济生活和文化类型的差异，其服饰纹样具有鲜明的民族特色、浓郁的地域特征、独特的审美情趣和独具特色的图腾，傣族用其特有的方式在服饰上展现着自身的数学文化，这是了解民族教育对象的思维方式的有效途径。

（二）傣族建筑中的几何

傣族的佛寺建筑精致。佛寺，傣语先前叫作“洼”，后统称奘房，在德宏傣族地区，凡有村落之处，一般建有奘房，走进傣族村寨，会发现奘房是村寨里耀眼的建筑。

1. 奘房

傣族的奘房很有特色，建筑基座有干栏式结构（如芒市弄么村奘房，图6-47），有平台式结构（如芒市遮晏村奘房，图6-48），基座呈长方形或正方形，大多是三层重檐式屋顶，层与层结构形状相似，上面的坡面近似等腰梯形，有的脊角反翘。

盈江姐冒乡的奘房（图6-46）基座呈矩形，屋顶是3层的，每层有4个斜坡面，斜坡面不是平面，而是曲面，它的外形建成近似摆线形，摆线又称最速降曲线，可以使雨点以最快速度排除。芒市弄么村奘房（图6-47）具干栏式基座，由几排水泥柱子支撑，每排中的水泥柱子是等距的，柱子呈圆柱体。

芒市遮晏村奘房（图6-48），中央开一太阳门，即圆形门。芒市遮晏村的奘房门窗A（图6-49），其上几何图形丰富，外形轮廓呈正方形，有平行线和垂线，黄色正八边形里嵌着灰色正方形，灰色正八边形里嵌着黄色正方形，其中正方形也可看作由相邻4个同色的正八边形围出的。整个图案沿中心旋转180度后与原图案重合，即整个图案是个中心对称图形，同时该图案也是轴对称图形，其对称轴为对边中点所在直线。芒市遮晏村的奘房门窗B（图6-50），其上是由一些全等的圆两两相交构成的美丽图案，边缘轮廓为曲线形。这些圆可以看作从处在中间位置的一个圆，向左、向右、向上、向下、斜着左上、斜着右下、斜着左下、斜着右上八个方向平移得到的。每个圆与相邻其他圆相交，交出4个交点。这4个交点把圆四等分，即相邻两交点间的圆弧为四分之一个圆弧。该门窗上的整个图案既是中心对称图形，又是轴对称图形。

图 6-46　盈江姐冒乡奘房
(本图由盈江县文化局提供)

图 6-47　芒市弄么村的奘房

图 6-48　芒市遮晏村的奘房

图 6-49　芒市遮晏村的奘房门窗 A

图 6-50　芒市遮晏村的奘房门窗 B

2. 龙亭

一般村寨的奘房旁边建有龙亭，为傣族泼水节的标志。泼水节一般过3天。第1天是送旧，第2天是空日，第3天是迎新（亦称“日子之王”）。第1天，青年男女敲铓击鼓地集结队伍上山采花，用采来的“泼水花”装扮佛寺和龙亭。

芒市遮晏村的龙亭见图6-51。龙亭在地面的投影为正方形。龙亭由4根柱子支撑，其空间形状为正四棱柱。4根柱子，即四棱柱的侧棱。龙亭的顶部有3层结构，这3层结构相似，其大小由下向上逐渐减小。这3层结构从上至下分别记为第1层、第2层、第3层。相邻两层结构的侧面中间竖起一个等腰直角三角形，使龙亭顶部结构富于变化而不再单调。

第1层与第2层之间4个侧面上的三角形是全等的，第2层与第3层之间4个侧面上的三角形也是全等的。第1层与第2层之间的三角形和第2层与第3层之间的三角形是相似的。每层结构都有花边装饰，其中第1层、第2层、第3层每个侧面花边上花的朵数分别为9、15、21，也就是第1、第2、第3层结构的每个侧面上花的朵数构成以9为首项，以6为公差的等差数列。每层结构总的花朵数分别为第1层36朵、第2层60朵、第3层84朵，每层总的花朵数构成首项为36，公差为24的等差数列。龙亭的每个侧面具有对称性。

芒市弄么村的龙亭见图6-52。龙亭在地面上的投影是正六边形。龙亭由

图6-51 芒市遮晏村的龙亭

图6-52 芒市弄么村的龙亭

6 根柱子支撑，构成正六棱柱。龙亭的顶部仍有 3 层结构，相邻两层结构的侧面中间竖起等边三角形。此龙亭每层结构也有花边装饰，其中第 1 层、第 2 层、第 3 层每个侧面上花边上花的朵数分别为 3、4、5，也就是第 1、第 2、第 3 层结构的每个侧面上花的朵数构成以 3 为首项，以 1 为公差的等差数列。每层结构总的花朵数分别为第 1 层 12 朵、第 2 层 16 朵、第 3 层 20 朵，每层总的花朵数构成首项为 12，公差为 4 的等差数列。

3. 佛塔

德宏的这些佛塔大都用砖石砌成。佛塔塔基大部分是正方形，大小按佛塔的规模定，东面建造有一座佛龛，往内是平台，有的有一层，有的有好几层。塔基和平台四周建造了小塔，不仅把主塔衬托得更显高大，而且加强了塔的动势，佛塔塔身依靠八角形的须弥座上的硕大莲瓣承托。

一般而言，傣族一些地方的佛塔是由主塔和卫星塔构成的塔群，中间主塔高数十丈，若干小塔均匀对称地矗立在主塔四周。塔基大部分呈正方形，也有圆形的。塔身的部分结构形状像圆台、圆环、圆柱等。

盈江县曼勐町村佛塔（图 6-53），塔基呈正方形，边长 20 米，高 2.1 米，由 4 层大小不等的正方体依次叠合。主塔高 19.5 米，直插云天。4 层塔基的各边角，共立有与母佛塔相似的子佛塔 40 座。其中，第 1、第 2、第 3 层每层 4 座子佛塔，矗立在塔基的四角，第 4 层塔基的各边角共立有 28 座子佛塔，犹如众星捧月，拱卫于母佛塔周围。塔分 5 层。子、母佛塔顶都有宝雨伞和风标。

图 6-53 盈江县允燕佛塔

图 6-54 芒市佛光寺塔

4. 建筑及民居

傣族的建筑大多左右对称，显现出一种对称美，其上有常见几何图形。

瑞丽大等喊寨的公共活动场所——科技活动中心（图 6-55）。大等喊寨是一个旅游傣族村寨，其活动场所的建筑是现代建筑，但其建筑风格仍沿袭了傣族传统的建筑风格。整个建筑左右对称，屋顶是层状结构，中间主屋顶有 4 层，每层前后都是矩形斜坡面，每个矩形斜坡面的中间又竖起一个底角近似为 30°的等腰三角形，使建筑看起来美观。这 4 个等腰三角形构成相似三角形。

梁河县南甸宣抚司见图 6-56。南甸宣抚司署是国家级文物保护单位，中国保存最完整的土司衙署。司署占地 10 余亩，始建于 1851 年，按土司衙门等级分为公堂、会客厅、议事厅、正堂、后花园、五进四院等，由五进四院、47 幢 149 间房屋组成，气势恢宏，其建筑实属罕见，有傣族“小故宫”之称。其门窗上的几何图形有正方形、矩形、圆、八边形、平行线、垂线、相交线等。宣抚司正门成轴对称。

从傣族的居住建筑来看，瑞丽一带多居于干栏式竹楼，芒市、盈江的住所多为土木砖瓦结构的四合院式。

傣族建筑的门窗、墙壁上有很多装饰的几何图形，如圆、正方形、菱形、矩形、等腰梯形、多边形、平行线、垂线等。这些几何图形通过平移、对称等构造出更大的优美图案。

图 6-55 瑞丽大等喊寨的村民活动中心

图 6-56 梁河县南甸宣抚司正门

图 6-57　芒市高速路入口

图 6-58　芒市傣式建筑

图 6-59　瑞丽的寨门

图 6-60　瑞丽口岸

图 6-61　瑞丽喊沙寨寨门

图 6-62　瑞丽市傣家竹楼局部

图 6-63　瑞丽市傣家竹楼

德宏傣族建筑物中的数学元素（表 6-3）。

表 6-3　德宏傣族建筑物中的数学元素

建筑	社会功能	数学元素	数学性质
奘房	供佛、文化教育、商议村中大事	正方形、矩形、圆、正八边形、等腰梯形、圆柱体、曲线、摆线、平行线、垂线	相似形、等距、轴对称、中心对称、平移、全等形、最速降线、等分
佛塔	拜佛	长方体、正方形、圆、圆环、圆台	对称、均匀
龙亭	泼水节	正四棱柱、正六棱柱、等边三角形、直角三角形、等差数列、正多边形	全等、相似、对称
民居建筑	生活、居住	三角形、矩形、圆、圆弧、菱形、梯形、正多边形、长方体、平行线、垂线	全等、对称、周期性

（三）傣族日常生活中的几何文化

傣家人住的是竹楼，吃的是竹笋，用的是各式自编的竹器，自古以来傣家人就与竹子结下了不解之缘。[①]

图 6-64 是傣族竹制生活用品。傣族家用的小餐桌、背篓等生活用具大多是竹子编制的，非常精致。餐桌桌面有圆形的，有方形的，桌子桌身有圆柱形的、圆台形的、长方体形的，其上嵌有平行线、正多边形等。图 6-65 为傣族竹制挑担用具，上（椭）圆下（长）方，体现了圆与方的完美结合。

图 6-64　傣族竹制生活用品

图 6-65　傣族挑具

① 德宏州潞西市文化体育局编．潞西非物质文化遗产选辑，德宏民族出版社，2009.

图 6-66 是矩形餐桌的桌面放大图形，数组平行的竹条穿插构造出近似正六边形的图形，这些六边形排列规律有序。图 6-67 是傣家的木制餐桌，桌面是圆形，桌子腿在地面上的投影为正方形。

图 6-68 和图 6-69 是傣家人休息时坐的小凳。图 6-68 为竹制凳子样式 A，凳面和底是等圆形，上下面之间是由一簇直线构成的单叶双曲面，并由 3 根平行柱子固定上下面之间的高度。图 6-69 为竹制凳子样式 B，凳顶面和凳底面是等圆形，由多根平行柱子固定上下面之间的高度，相邻两根柱子间是用竹条制作的装饰图案，这些图案近似全等形，每个图案又是一个对称图形，里面是圆形，外面近似椭圆形。

图 6-70 是傣族人家常见的凳子，凳子整体框架近似正方体，凳顶面是正方形，其上是一些正方形构成的图案，是有 4 条对称轴的轴对称图形，也成中心对称。

图 6-66 竹制餐桌

图 6-67 木制餐桌

图 6-68 竹制凳子样式 A

图 6-69 竹制凳子样式 B

图 6-70 小方凳子

图 6-71 与图 6-72 是遮阳斗笠，圆锥形的。图 6-71 斗笠上的 6 条母线把圆锥侧面分成 6 等分，图 6-72 侧面上还有装饰的几何图形，如三角形等，侧面上装饰的 12 条母线把圆锥侧面分成 12 等份。

图 6-73 和图 6-74 是傣族迄今沿用的纳凉工具扇子，编制材料是竹子，有正方形的、菱形的和六边形的，也有心形的；图 6-74 心形扇子上还编织有正方形图案，“卐”字纹。

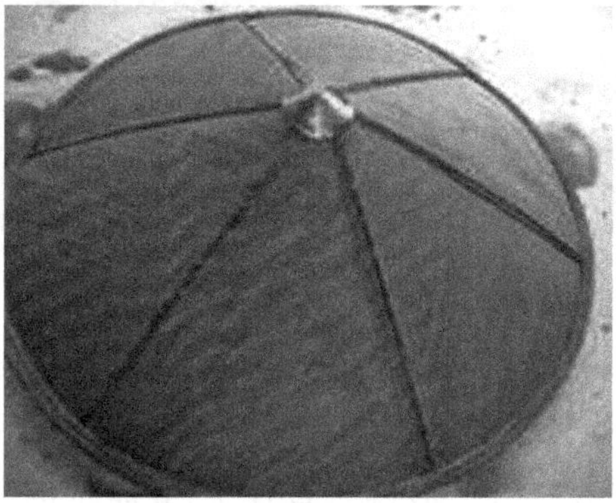

图 6-71　斗笠样式 A

图 6-72　斗笠样式 B

图 6-73　菱形与方形扇子

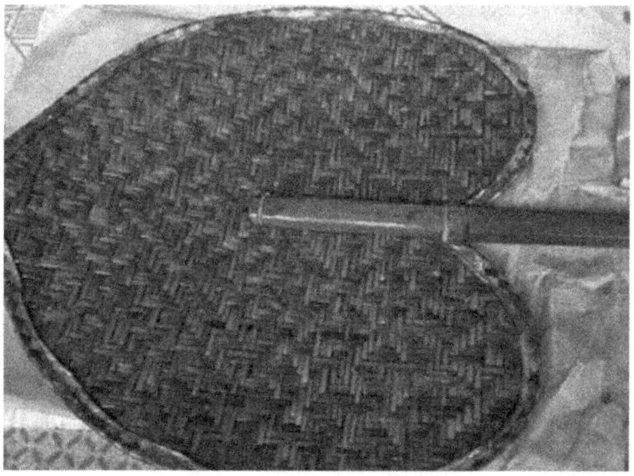

图 6-74　心形扇子

乐器筚朗叨（图 6-75 和图 6-76）是一种民族民间乐器，有小巧玲珑的，也有稍微大一些的。筚朗叨源于德宏，至今已有上千年的历史，是世居德宏的傣族的传统乐器。筚朗叨由气斗（葫芦），1—3 个音管（黄竹或紫竹）和簧片（铜制）组成。把 1—3 根带簧片的竹管从上面（带金属簧片的部分）排插入葫芦底端。主管（中间的管）开7个按音孔（前六后一），右边短副管和左边长副管不开音孔，只发持续单音。不需副管发音时，可将其堵住。三者长度有一定比例。簧片的功能是发音，呈锐三角形。

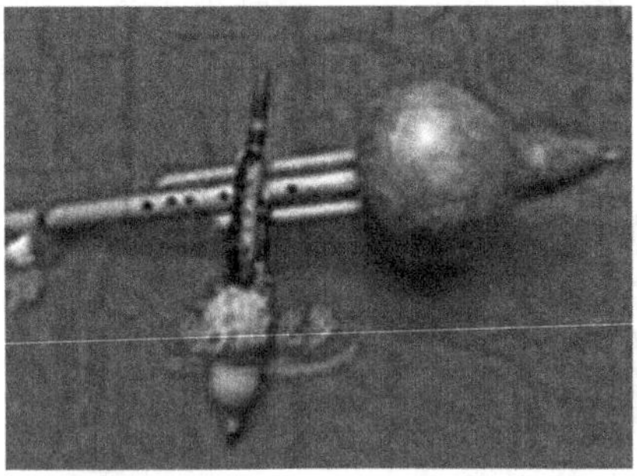

图 6-75 筚朗叨样式 A

图 6-76 筚朗叨样式 B

象脚鼓（图 6-77 至图 6-79）是根据鼓的形状而取的名称，傣族民间的象脚鼓，从外形来看，可分为长鼓和短鼓。敲鼓前需要取一小撮糯米饭，先将其揉捏如泥，再将之粘于鼓面的中心位置，形成一直径 7—8 厘米的小圆圈，这也就是鼓手击鼓时所敲击的部位。

象脚鼓的鼓面和脚都是圆形的，象脚鼓侧面是旋转抛物面的一部分，中间有一根圆柱（类似圆柱体）把它们连接，镲是圆形的。

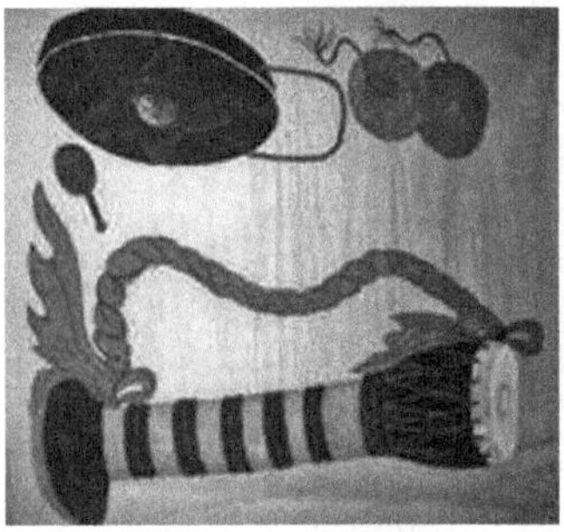

图 6-77 小象脚鼓（鼓高 30—40 厘米）

图 6-78 短象脚鼓（鼓高 60—95 厘米）

图 6-79 长象脚鼓（鼓高 130—160 厘米）

第四节 景颇族传统生活中的数学文化①

景颇族是我国云南一个跨境而居的民族，有自己的语言和文字。国内主要聚居在云南德宏，国外在缅甸、印度、泰国、马来西亚、新加坡、日本、美国等国有少量分布。

一、数和度量衡

景颇族有正整数、分数的概念，传统上没有负数的概念，但生活语言中有“亏、欠”等类似于负数的表述。景颇族的数，发音规律与汉族对数的使用类似。德宏景颇族在日常生活中用到自然数的加减运算，只是用语言表达计算过程。景颇语中没有乘法运算。除法在分东西时经常用到，其方法原始而独特。

景颇族对几何图形的认识，主要从生产、生活中对其的应用上表现出来。有圆、椭圆、多边形的概念，也有圆柱体、长方体、正方体等几何体的概念（不是精确的数学概念），但对这些几何图形没有进行细分。景颇族对几何平面图形和几何体没有系统概括出性质、精确的计算式、几何命题的逻辑推理，只是处于实用阶段。

景颇族的长度单位，是一些实用的不够精确的度量单位，借助生活中的一些实物作为度量的标准。小的有“芝麻粒”“米（指大米）”，比如一个物体有一个芝麻粒长、有两米长（“2 粒大米的长度”）等。在景颇人的生活中，手指的一节、手指、食指尖到虎口、拇指和食指伸开的距离（“拃”，景颇语音为“陀”）、中指尖到手腕的距离、中指尖到手腕与手臂肘中间的距离、中指尖到肘的距离、伸开双臂两手指端的距离（“排”）等都可以用来做度量单位。其中“拃”在景颇人的生活中使用较多，在丈量柱体周长时用成人的“抱”做单位。

景颇族的重量单位，有分、钱、两、拽（一拽等于 30 两，为 3 市斤）。在景颇族的传统生活中，使用的容积单位有升（一拃半高的竹筒的容积），还

---

① 申玉红，李润琪，穆勒滚，周长军．德宏景颇族文化中的数学元素探析［J］．凯里学院学报，2015，33（6）．

有比升更小的容积单位，用来称米、谷子用，如半箩、箩（10 升大约为 1 箩，1 箩大约盛水 50 斤）。

在景颇族的传统生活中，对面积没有精确的度量单位，对于土地面积，景颇族是用“东西几排、南北几排”来表示的，有时也用脚步量。

二、日常生活用具中的数与几何图形

圆柱体“吞圈”见图 6-80。“吞圈”即景颇族的酒筒，景颇人爱好喝酒，“吞圈”是景颇人随身携带的必备物，它既轻巧又方便，酒兴来时，便注酒于筒盖，美饮一杯；遇到熟人，将酒盛满，敬上一杯。景颇族酒筒“吞圈”是用粗壮的金竹制成，其盖可以当杯子，筒身是瓶，有大、小之分，大的可放 1 斤酒，小的可盛几两酒，它由筒盖、筒身两部分组成，一般筒盖的长度为筒身的三分之一。筒身和筒盖都有手工编制的箍缠绕，箍是用藤篾、棕丝或其他材料编制而成的。箍的编制方法分五道、九道、十三道或十五道等，基本都是用黑色的棕丝和白色的藤篾两种颜色编制，用黑、白相间的两种材料所编制的箍，其花纹图案很有规律地显示“8”字，极其美观。

景颇族的日常生活用具（图 6-80 至图 6-83）：圆柱体状的除去谷壳手推木制工具，圆柱体、不规则台体等形状的竹编背篓，圆台体、圆柱体状的舂米碓。

图 6-80　吞圈

图 6-81　除去谷壳手推木制工具

图 6-82　背篓

图 6-83　舂米碓

三、景颇族民俗活动中的数学元素

“目瑙纵歌”是景颇族的民族传统节日，景颇语意为“大家一起跳舞”。目瑙示栋竖立在目瑙纵歌舞场中央。目瑙示栋一般由四竖两横 6 块厚实的长方形木牌加底座组成，用红黑白绘就不规则的螺旋形几何图案。

在目瑙示栋上（图 6-84），有等腰三角形、直角三角形、菱形、矩形等几何图形，也有回形纹、曲线等。祭祀台（图 6-85）中的 4 根柱子构成正四棱柱，其上有正方形、圆等平面图形，也有圆台体。目瑙示栋和祭祀台中有线的垂直、平行、相交等位置关系。

图 6-84　目瑙示栋及目瑙示栋局部放大

图 6-85　祭祀台局部放大

四、景颇族佩饰中的数学元素

景颇族妇女的佩饰极为丰富，且多以银制成。有头饰、胸饰及其他物品上的佩饰。其图案精美、工艺考究、特色突出，与服饰相配，十分协调，又各显其美、相辅相成、相得益彰。耳坠和发簪（图 6-86 至图 6-88，拍摄实物由盈江县景颇族文化收藏者木·何腊提供），有环形、圆形、圆锥形，有的耳坠是由同心圆构成的，发簪簪首形状和花纹图案成轴对称，簪首上有球形装饰。

图 6-86　耳坠 A

图 6-87　耳坠 B

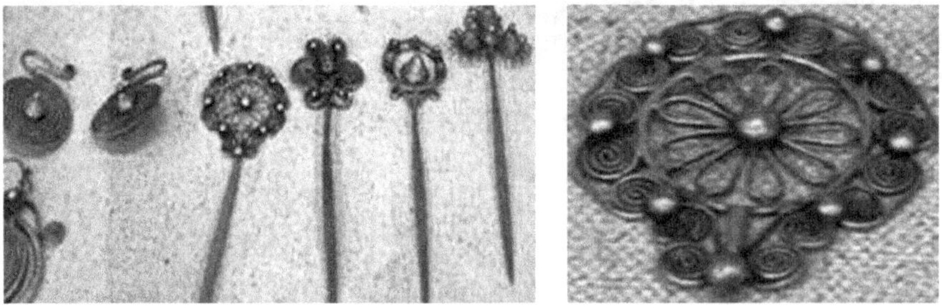

图 6-88　耳坠和发簪

五、景颇族服饰中的几何图形和变换

（一）几何图形和对称图形

德宏景颇族服饰及织锦图案中有很多菱形和三角形（图 6-89 至图 6-91）。服饰中的单个图案很多都具有对称性。

图 6-92 与图 6-93 都是中心对称图形；图 6-94 是轴对称图形；图 6-95 与图 6-96 既是轴对称图形，又是中心对称图形，每个图案都有两条对称轴。这些图案体现了数学的对称美。

图 6-89　景颇族服饰

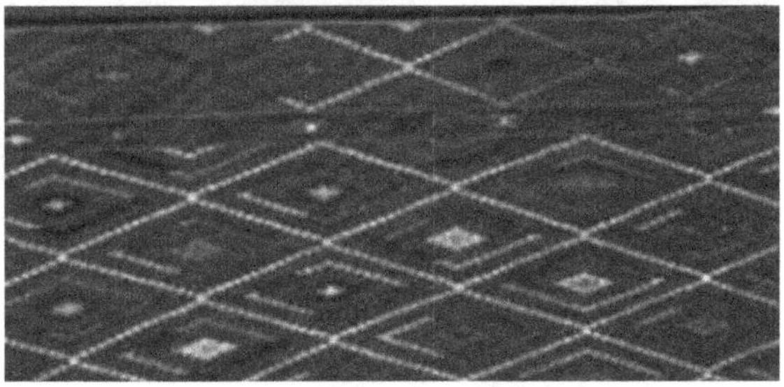

图 6-90　景颇族织锦 A

图 6-91　景颇族织锦 B

图 6-92　景颇族织锦 C

图 6-93　景颇族织锦 D

图 6-94　景颇族织锦 E

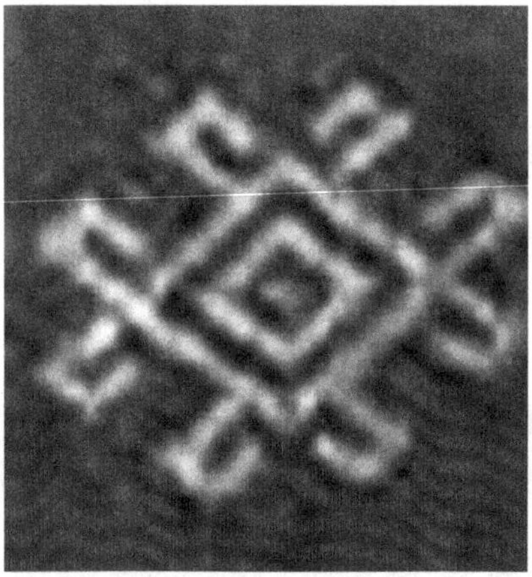

图 6-95　景颇族织锦 F

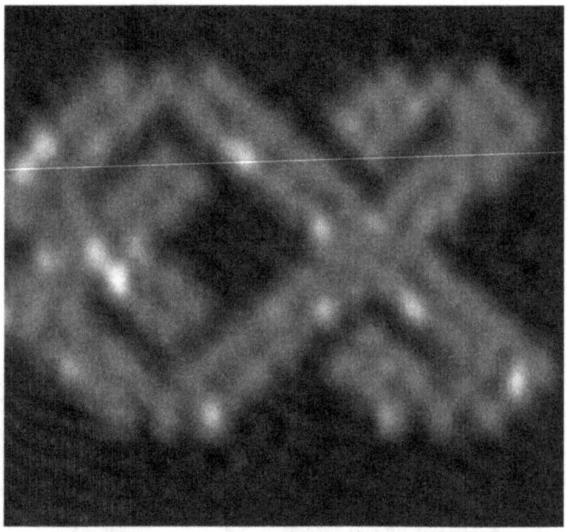

图 6-96　景颇族织锦 G

（二）几何变换

服饰中的图案纹样分为单独纹样和连续纹样，单独纹样是指一个独立的个体纹样的造型表现形式，连续纹样是指由一个单独纹样向两方或四周连续复制而成的组合纹样。连续纹样的造型表现形式有初等几何的全等变换，包括平移变换、旋转变换、轴对称变换。

平移变换是一种最基本的变换方式，在景颇族服饰图案的连续纹样中较多地体现了平移变换。如图 6-97 至图 6-100，其构造是由一个单独纹样顺次平移而成，并且在图 6-98 与图 6-99 的图案中将相邻纹样染上不同的颜色。这种富于韵律的变化，给人一种美感。

图 6-97　景颇族服饰图案 A

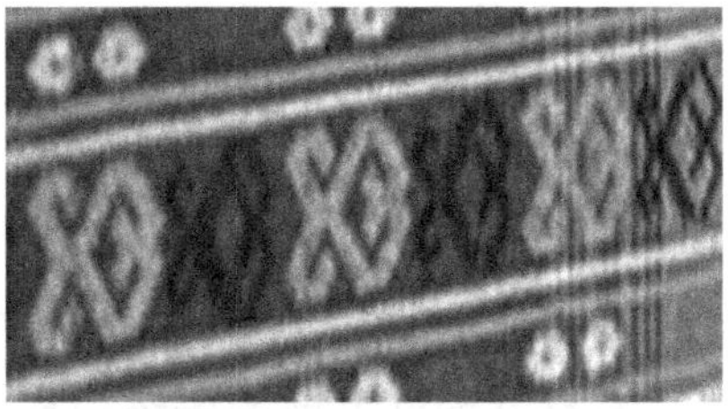

图 6-98　景颇族服饰图案 B

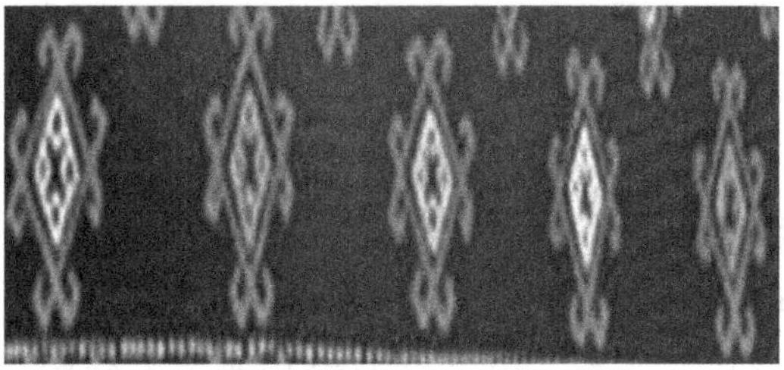

图 6-99　景颇族服饰图案 C

图 6-100 景颇族服饰图案 D

图 6-101 上下两排图案分别是由两个单独纹样组合在一起又进行平移得到的。图 6-102 图案中的第 3 个纹样可由第 1 个纹样平移得到，也可由第 1 个纹样连续两次轴对称变换而得。图 6-102 整个图案可以看作由 1 个纹样顺次作轴对称变换而得到，也可以看作由 1 个纹样作轴对称变换之后沿着与对称轴垂直的方向平移得到。

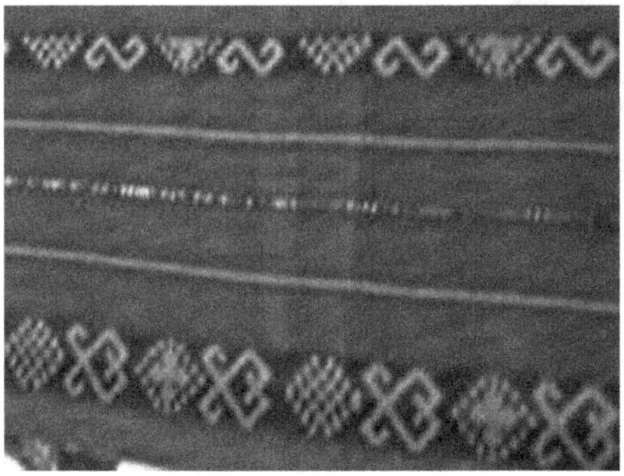

图 6-101　景颇族服饰图案 F

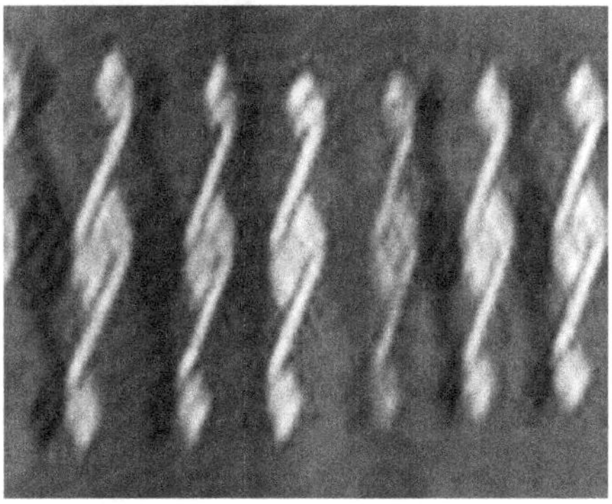

图 6-102　景颇族服饰图案 G

第五节　白族传统生活中的数学文化①

一、白族服饰、刺绣和扎染中的数学元素

居住在丽江九河的传统白族妇女通常后背上披七星图案的黑羊皮褂，上面缀着7个图形纹样，称为“七星”，直径长约7厘米。在过去的披肩上面还有两个直径长约12厘米的图形纹样称为“月亮”，象征披星戴月，以示勤劳。

白族人民赋予了服饰数字的象征寓意，如大理鹤庆县的白族服饰（图6-103）。坝区的甸北姑娘以头顶外罩蓝、紫或黑色的两幅一尺二寸见方的头巾，象征一年12个月，外沿头缠三丈六尺红头绳，象征一年365天。

白族刺绣是白族手工艺，广泛运用于服饰、头饰、鞋帽等日常生活用品。在白族刺绣和扎染图案中，存在许多几何元素，由一些简单几何图案利用轴对称、中心对称、平移、旋转等几何变换组成了美丽复杂的纹理图案。

图6-103　白族妇女服饰

① 杨梦洁，王彭德，杨泽恒．白族文化中数学元素的挖掘［J］．数学教育学报，2017，26（2）．

图 6-104　旋转变换图案

图 6-105　扎染中星形图案

二、白族建筑装饰

少数民族的建筑装饰艺术是少数民族文化的一种特殊载体，作为物质文化和精神文化的结晶。人们已经对白族民居建筑装饰从美学、艺术、民俗等视角进行研究和解读，但从数学文化视角对白族民居建筑装饰进行研究尚属鲜见。大理白族民居建筑以“三坊一照壁”与“四合五天井”最为常见，建筑风格统一和谐，布局合理有序，很讲究对称，大到整体的布局上对称，每栋楼房、照壁本身都对称，小到每一个建筑装饰元件。图 6-106 为白族民居山墙的装饰图案山花，左右对称，使整面墙看起来统一协调。另外，每种图案都有一种寓意，传说中的四叶草的四片叶分别代表名誉、财富、爱情及健康，因此有较多的四叶草图案（图 6-107）用于白族建筑的各种装饰中。

图 6-106　山花

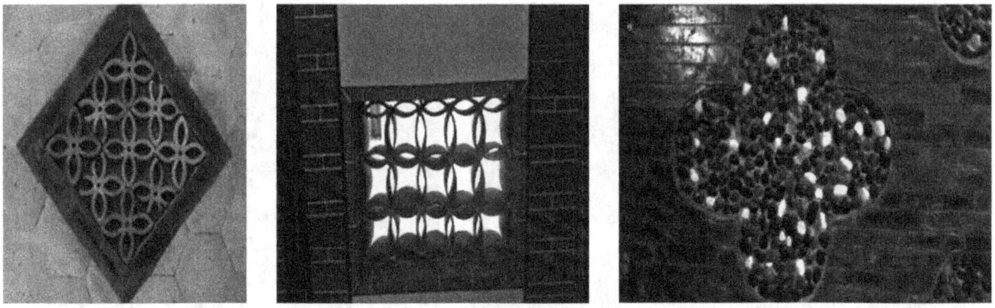

图 6-107　白族建筑装饰的四叶草图案

三、习俗风情中的数学元素

白族人民以他们多姿多彩的风土人情吸引着无数远方的客人，许多民俗文化涉及数字、几何图案、数学运算、逻辑推理、思想方法等数学元素。白族人的生活习俗中，有许多与数字有关的事情，如对 3、4、8 等数字的偏好。

（一）对数字 3 的偏好

古代很多学者都赋予“3”重要的意义，《说文》中指出：“天地人之道也，从数三。”《老子》中记载：“一生二，二生三，三生万物。”数字 3 的美好寓意也映射在白族人民的生活习俗中，如白族民间盛会“绕三灵”，即第一天环绕佛都崇圣寺，第二天环绕神都圣源寺，第三天环绕仙都金奎寺。白族“三道茶”是白族人民招待嘉宾的一种饮茶方式，第一道是苦茶，第二道是甜茶，第三道是回味茶，即一苦二甜三回味。它告诫人们，凡事要多回味，切记先苦后甜的生活哲理。生活在剑川的白族人民在日常生活中有以下习俗，姑娘出嫁时要在嫁妆箱底放置 3 块石头；婴儿第一次抱出门，要挂上 3 块小石头。

（二）对数字 4 的偏好

白族婚俗中讲究先上茶点后摆“事事如意”，即四碟四盘四盆四碗宴席；四叶草是幸运的象征，代表着名誉、财富、爱情及健康，故在白族的扎染、建筑装饰中有许多的四叶草图案。

（三）对数字8的偏好

“八大碗”是白族在婚丧嫁娶或重大节庆活动时待客的盛宴，宴桌是八仙桌，一般8个人为一桌，菜肴上8个，俗称“土八碗”。大理白族传统的土八碗主要有红肉、酥肉、干香、煮白芸豆、煮竹笋和木耳豆腐汤几样。一直以来，土八碗都因时因地因人而发生着变化，但8这个数字一直传承下来，亘古不变。

四、白族语言中的数学元素

语言既是文化的载体又是文化的组成部分。白族是一个有语言没有文字的民族，白族历史上曾有用汉字增损或音读汉字的“古白文”，但因缺乏系统和规范，加之受时代的限制，未能延续推行。尽管白族语言缺乏系统和规范，但仍然成为白族地区的通用语言，目前在一些边远白族地区的幼儿园、学前班都在使用双语教学，也一贯出现具有白族语言特色的教学模式，在白语中的基数词和序数词拥有自己的发音。

第六节 苗族、侗族传统生活中的数学文化

研究者对苗族的服饰、侗族的鼓楼建筑（包括侗族民居）中的数学文化因素的研究有如下成果。

一、苗族服饰中的几何图形

苗族服饰被誉为“穿在身上的图腾，彩线写成的史诗”，是苗族文化符号。

研究者通过对苗族服饰文化的研究，挖掘了苗族服饰中反映数和几何概念及其运用的纹饰图案，并对其进行了分析。① 苗族服饰中有许多基本几何图形，如菱形、圆、螺旋线、星形线、玫瑰线等。通过访问得知，有些刺绣的苗族女师傅根本不知道什么是菱形，什么叫几何，她们是从前辈那里学来的刺绣方法。从这一点可知，数学文化在苗族人民的生活中早已存在。不仅如此，她们还把这些最基本的图形通过连接、堆积、组合，又构成了复杂的纹样，如

① 肖绍菊．苗族服饰的数学因素挖掘及其数学美［J］．贵州民族研究，2008，6：106-112.

太阳纹、龙纹等，从而形成一道独特、亮丽的黔东南苗族服饰风景线。

二、侗族鼓楼的外形结构类型

张和平、罗永超对贵州侗族鼓楼中的数学文化进行了研究。① 鼓楼的建造涉及三角形、多边形、多面角、扇形、勾股定理、数列、比例、全等、相似和三角函数等数学知识，鼓楼简直就是一部经典数学，而这部典籍是中华民族文化之瑰宝，是世界文化之瑰宝，她由没有文字的侗族人民像传承侗族大歌那样心传口授顽强地传承了下来，折射出了尚未进入现代数学文明的中华民族早期的数学文化，再现了我国古代数学应用之一斑。

图 6-108　江县增冲鼓楼

有关研究表明，侗族鼓楼不论是其外观或是其内部结构都蕴含了丰富的数学知识，涉及了对称、相似、旋转、平移、数列等几何和代数的基本知识。鼓楼似乎就是一部有待于人们进一步“翻译”的古典数学。这说明侗族人们已经掌握了相当的数学知识。

图 6-109　鼓楼

1988 年被国务院列为全国重点文物保护单位的贵州省从江县增冲鼓楼建于 1672 年，占地面积 160 平方米，共 13 层，高 25 米。不用一钉一铆。侗族数学文化集中地体现在鼓楼这本数学和力学应用的宝典中。

现要建一栋 30 米高的鼓楼（图 6-109），并使楼的颈部是黄金分割点，应怎样设计?②

① 张和平，罗永超，肖绍菊．研究性学习与原生态民族文化资源开发实践研究——以黔东南苗族服饰和侗族鼓楼蕴涵数学文化为例［J］．数学教育学报，2009，18（6）：70-73.

② 凯里市鸭塘中学朱灿梅教师设计。

设计这样的鼓楼建筑，要使鼓楼的颈部 B 点是黄金分割点，应满足$\frac{AB}{BC}=\frac{BC}{AC}$。设 $BC=x$ 米，则$\frac{30-x}{x}=\frac{x}{30}$，整理得 $x^2+30x-900=0$，解得 $x_1=15\sqrt{5}-15$，$x_2=-15\sqrt{5}-15$（舍去），即$x\approx18.54$ 米（$\sqrt{5}\approx2.236$）。

所以，B 点应该位于距离 C 点 18.54 米处，可使楼的颈部是该鼓楼建筑的黄金分割点。

从江县坝寨鼓楼飞阁重檐

侗族鼓楼

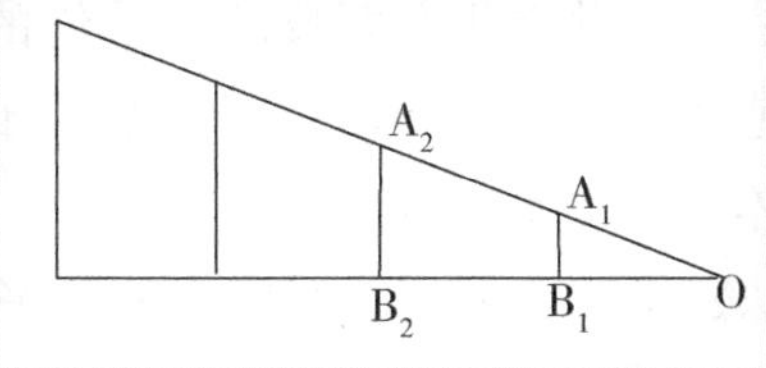

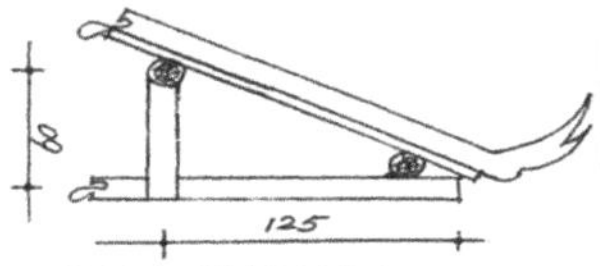

鼓楼翘檐结构图

无论是鼓楼楼冠的屋面，还是楼冠以下的各层翘檐都需要制作三角架。其中，OB_i（$i=1, 2, 3, \cdots$）的长度为已知。楼冠以下的各层翘檐的三角架中，A_iB_i长度的确定一般是通过公式$A_iB_i=\frac{1}{2}\times OB_i$来实现的。

八角鼓楼楼冠（从江县增冲鼓楼）

八角楼鼓楼楼冠

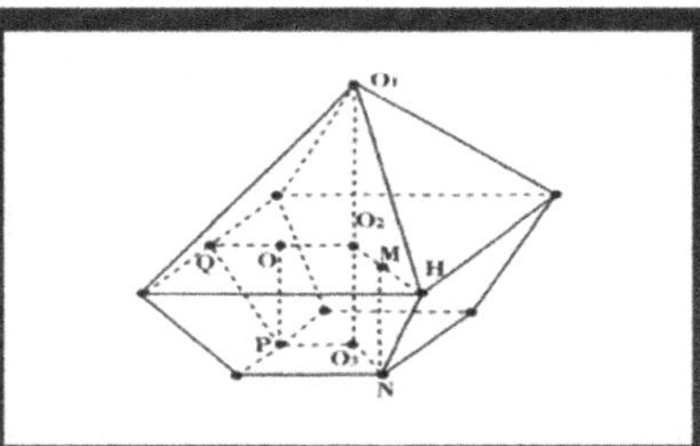

鼓楼楼冠结构示意图

屋面（三角架）△O1O2H 的三边 O1O2、O2H、O1H 最为常见的是 3、4、5；有的也取 4、3、5 或 1、1、2 等值。八面楼冠斗拱立面相应的△MNH 的三边 MH、MN、NH 的取值一般为 3、4、5 和 1、1、2 两种。四面楼冠最为常见的最取 1、1、2、鼓楼到处都是特殊的三角形。

图 6-110　鼓楼

第七节　布依族传统生活中的数学文化①

布依族主要分布在贵州、云南、四川等省，是中国西南部人口较多的一个少数民族。布依族在历史发展过程中，创造了丰富的、具有本民族特色的传统文化。在这些文化现象中，往往会涉及许多数的表示、度量方法、数字崇拜、几何图案、运算方法等。将这些在布依族生产生活及文化领域中，被广泛使用（或呈现）的数学知识和思维模式定义为布依族数学文化。

布依族数学文化主要反映在他们的日常生活中，不一定具有普遍的适用性和规范性，无论数字还是图形都处于实用及初级阶段，并未形成系统的数学知识体系。主要表现形态有：第一，数的表示和基本运算；第二，特有的度量方法；第三，习俗或戏曲中的数字使用和数字崇拜；第四，呈现在建筑、服饰、生活用具上的数学知识等。

一、数的表示

（一）基数

布依族有自己的语言和文字，数数可以从零数到亿甚至更大，用以上基数进行组合，可以表示各种场景中的任何数字。在布依语中，个位数以上还有十、百、千一直到亿等无限个等级位数。对于表示“十”以上的数，一般用“十进位法”进行复合计数，即用个位数和等级位数按特定的方法组合起来得到。当个位数在等级位数之前时，表示相乘关系，个位数在等级位数之后表示相加关系。

（二）序数

序数是在基数前面加一个前缀。另外，表示概数时，构词方式是将数字和其他词连接在一起来表示。

---

① 本节由贵州兴义民族师范学院孙健副教授提供。

（三）分数及其他

布依族母语里有分数和小数的意义，但不能完整表达，只能通过解释的方法进行陈述，比如$\frac{2}{3}$，他们只能说“把2分成3份”，就是解释这个分式的含义；小数就只能说成比某数多一点，但不能准确表达；没有负数、无理数等数学概念。

二、基本运算

布依族传统语言中没有表示加、减、乘、除等运算符号的词语，所以，在数字运算中，只能借助汉语来作运算。或者是转化成其他意思来运算。其中，加法、减法和乘法的运算思想与现代数学运算是一致的。比如“1加2”，他们就会转化成“比1多2”或者“1和2合起来”是多少来运算；减法转化成“比某数少多少”来运算；乘法运算由于母语里没有“乘法口诀”，所以把乘法转化为加法来运算，比如3×4，就转化成“4个3相加”；而除法，其方法既原始又独特，不是直接做除法运算，而是通过减法来实现，比如把20根甘蔗平均分给5个人，他们并不是一次性每人分得4根，而是逐次轮流每次只分1根，共分4轮，结果每人得4根。

三、计量方法与单位

布依族的传统计量方法来源于日常生产生活。由于语言系统的限制，各种计量单位与现行的标准单位相比，都显得较笼统，表示的主要是概算的结果。

（一）长度单位

布依族以前常用“身量法”度量一些较短的长度。左右伸直手臂后，两手中指顶端之间的距离叫“排”；最大限度地伸开手掌时，拇指与中指顶端的距离叫“卡（或拃）”，两卡约等于一尺；成年人伸开双臂，连同身体围住某一物体（通常是圆形）时，两手中指顶端的距离叫“抱”。

（二）重量单位

布依族过去常用竹编的筐（或木制的桶）来装东西，两筐（桶）为一挑，由于在同一地区，这样的筐（桶）的大小基本相同，所以，习惯用“挑”来作为重量单位，如收了几挑谷子，榨了几挑糖等。另外，还用“秤”来表示重量，并约定一“秤”等于10斤。更粗略的计重单位还有“扛”等。

（三）面积单位

布依族丈量自己纺织的布匹时，常用的面积单位是“方”，将布匹沿一角对折，使底边与侧边重合，再展开后得到的面积为“一方”。根据实际测量，这里的一方大概等于0.86平方米；大的面积如土地面积，布依族先辈多用该土地每年收成的粮食数量来表示。比如，“我家年收50挑谷子的田地”。

（四）容积单位

布依族常用的容积单位都是以盛具的名称来表示。例如：“捧”——成人双手能捧起的东西的体积；“升”——木制的棱台形状容具，主要用于称量谷物；“箩”——竹编容具；“筒”——竹子做的主要用于盛米的容器；“瓢”——通常指将葫芦一分为二得到的容具；“筜”——用竹子或木制成的容具，主要用于称量自酿米酒等。

四、生活中的数学文化

（一）传统建筑上的数学知识

布依族传统民居以小青瓦木结构的吊脚楼为主，是典型的“干栏式”建筑。建造时主要继承了我国古代穿斗式结构，内部木构架节点是榫卯结合，不用一钉一铆。它的建造技艺被列入了黔西南州第三批“非物质文化遗产名录”。

在黔西南州南龙布依族古寨有保存较为完好的百年以上历史的吊脚楼群。房屋框架从侧面看，一般是“五柱八瓜”（5个落地的圆柱形长柱和8个用来支撑脊檩的短柱，柱与柱之间有穿枋连接）结构（图6-111）。实地调查发现，过去建造传统民居时都没有设计图纸，而是根据柱和穿枋特定的比例关系，凭经验和估算进行施工。古寨中的房屋长都是 12 米，宽 8—10 米，呈标准的矩形；中柱高 5.6—5.9 米，两边排列的柱头依次递减 0.17 米，长度形成等差数列；各柱之间为等距离排列，间距为 0.8 米；房顶到屋檐部分形成一个标准的等腰三角形，具有很好的稳定性；屋面与水平面的二面角为 30 度—40 度，既满足上层空间的使用需求，又兼顾雨水流下；正面以大门中线为对称轴形成轴对称状态，门窗都是标准的矩形。从中可知，房屋建造时不仅有严谨的数学计算，还符合简洁、对称等数学美的基本要求，说明布依族人民在建筑实践中已经具备了较好的几何知识和数学计算能力。

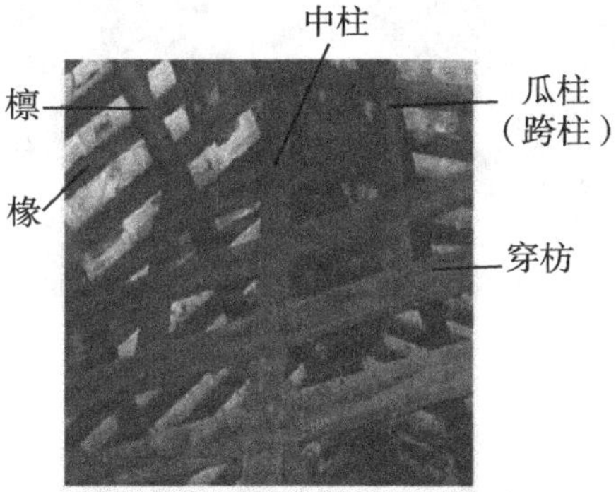

传统干栏木结构民居主要构件

图 6-111　吊脚楼

布依族传统民居都以青瓦覆盖，在上面通常堆砌一些装饰图形，这些图形都有较明显的几何特征。图 6-112 中用瓦片堆砌成的花瓣形外围是一个圆，中间是由几段等弧对接形成的瓣状图形绕圆心每次旋转 72 度得到的图形；图 6-113 可以理解为由大小相等的同一个整圆的四分之一构成的星形线，每个圆的圆心分别位于与星形线外接的正方形的 4 个顶点上。在这些图形中，体现了圆、曲线、中心对称、旋转变换等数学知识。

图 6-114 所示的门窗上也有许多几何图案，图中共有 7 个常见的平面图形，即三角形（包括直角三角形、锐角三角形）、四边形（矩形、平行四边形、梯形和不规则四边形）、五边形（不规则五边形）、六边形（正六边形）。

图 6-115 为布依族村寨中常见的石雕，象征着家庭团结友爱，互相关怀，

祈求富贵的心愿。从数学的角度看，图案由多个圆、半圆或四分之一圆弧和正方形有效组合而成，并将相交部分凿成卵形孔，中间圆的圆心凿成 5 个小正方形孔。在设计中充分利用圆（弧）和正方形的对称性，包含着相切、相交和内接等几何关系，蕴含着几何图形的简洁、对称、和谐之美，是布依族人民数学智慧在生活中的体现。

图 6-112　青瓦样式 A

图 6-113　青瓦样式 B

图 6-114　门窗样式 A

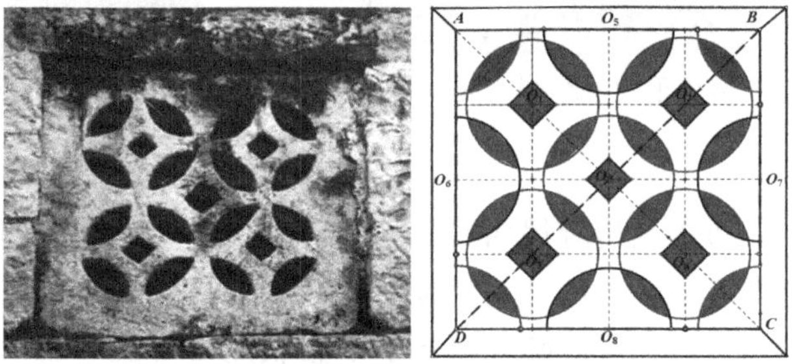

图 6-115　门窗样式 B

（二）服饰上的几何知识

布依族是一个擅长刺绣的民族，他们通常自己织布（也称为“土布”），用于制作衣服、头巾、床单、挎包等一些日常用品，并在上面绣上许多优美的图案，包括几何纹、动物纹等。这些纹样多数与布依族传统的图腾崇拜有关，比如圆圈纹与太阳崇拜有关，水波纹源于水崇拜等。制作时，大量地运用了直线、折线、弧线、平行线、圆形、三角形、正方形、菱形、矩形等几何图形，把这些图形通过不同角度的组合或交叉，形成较为复杂的几何纹样，再把这些纹样通过变换方法（平移变换、旋转变换、轴对称变换等），最后形成形式多样，变化无穷，寓意不同的几何纹样。这些几何纹样不仅表达了布依族的审美情趣和习俗观念，也证明了这些丰富的几何知识在布依族的生活中早就存在和发展了。

图 6–116 中的每朵花都是由小的菱形绕着中心点每次旋转 45 度形成，然后通过平移变换得到连续纹样。整个图案包含了菱形、中心对称、轴对称、旋转变换、平移变换等几何知识。图 6–117 中鞋垫上的纹饰是通过线条间不同角度的交叉和平移得到的菱形、平行四边形及角的形状，呈现了一种简洁和对称美。

图 6–116　土布

图 6–117　鞋垫

（三）布依族铜鼓中的几何知识

布依族的铜鼓是布依族文化不可或缺的一部分。铜鼓除了作为乐器使用外，主要功能是作为祭祀活动中的神器、礼器及象征财富和权威的重器。从几何角度看，布依族的铜鼓从上到下分别是圆面（鼓面）、球带（鼓胸）、圆台（鼓足）三部分。铜鼓鼓面用到了几何纹饰，主体是以 12 条射线形成的 12 芒太阳纹，从中心呈放射状光芒，周围为由点或线组成从鼓心到鼓边的 12 圈图纹，环间有回纹旋转变换而得的图案，被称为晕圈（图 6–118）。

图 6-118　布依族的铜鼓

（四）制作工艺中的近似计算

布依族匠人在制作生产生活用具时，会进行一些材料计算。但他们不是用纯粹的数学方式计算，而是通过经验估算而得。比如制作图中正十边形纺车时，要涉及边长和半径的计算。现在，可以根据$\alpha = 2r \sin 18^\circ$来计算边长，但 $\sin 18^\circ$不是特殊值，结果只能取近似值。布依族工匠在实际制作时，并不会去根据三角函数计算边长，而是凭长期经验，用“边长等于半径的十分之六”来近似得到边长。这与应用三角函数计算所得结果十分相近。

在制作圆木桶时，他们会根据圆的周长与直径的关系，取近似值“径一周三”来“下料”（取材）。假设要制作直径为一尺六寸的圆木桶，他们先取

图 6-119　木桶

图 6-120　制桶工具

半径八寸，砍好“互子”（侧面木板），一块一块拼起来。长度是八寸的3倍，即二尺四寸，再乘以2就是四尺八寸，这就是桶的周长。再做一个直径为一尺六寸的桶底，组合后就可得到符合要求的木桶。这些建造方法充分反映了布依族人民对经典数学的理解和应用（图6-119和图6-120）。

第八节　藏族传统生活中的数学文化

研究者对藏族传统生活文化中的数学文化、藏族传统图形和佛教文化中的几何学有如下研究。[①]

一、数学文化在藏族传统文化中的体现与发展

同其他民族一样，原始时代的藏族人就有了数量的意识，他们要生存，需要采集野果、狩猎。狩猎有时候会一无所获，有时候会收获一只或不止一只猎物，“无”“有”“一”“多”“少”等概念就产生了。虽然不能明确计量数目，但是至少能知道多少。原始人在对数字有意识后，往往是通过比较两个集合来认识数量。然后，就要进行具体的计数，确切地知道实物的数量。为了保存和记忆的需要，人们用手指、树枝、石子、草籽等易取之物作为计数的工具。据《旧唐书·吐蕃传》记载，青藏高原的藏族人常用的计数法有结绳计数法（图6-121）、刻木计数法、划痕计数法（图6-122）和手指计数法等，其原理都是数学中的一一对应原则。反复使用实物计数，随着社会的发展社会生产力大大提高，计数的范围和数目都大大增加，于是抽象的数码及自然数概念产生了，同时加减乘除等运算法则也开始实施，这些与产生藏族文字是同步的。藏族在文字数码产生以后，算术有了长足进步，计算工具也在借鉴其他民族的基础上有了重大发展，从而有力地推动和保证了藏族人民生产生活实践的需要和天文历算学的发展。

---

① 薛德军，范忠雄，普华加．数学文化及其思想在藏族传统文化中的体现与运用［J］．中央民族大学学报：自然科学版，2016，25（4）：19-26.

图 6-121 结绳计数法

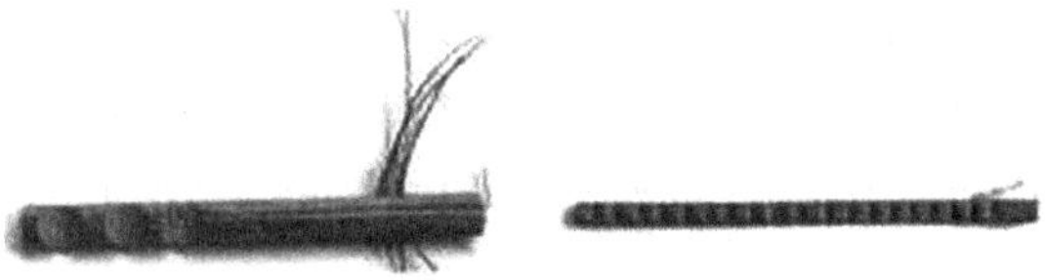

图 6-122 刻木计数法和划痕计数法

二、藏族传统图形和宗教文化中的几何学

在西藏，考古学者在发现了旧石器时代遗址的同时还发现了新石器时代遗址，青藏高原上的藏族先民创造了各种生产生活工具，为了使这些工具使用起来更加方便，人们将其制成特殊的形状。通过在生产生活中长期的使用、改进和再制作这些几何工具，人们脑海中逐渐有了几何图形的概念。青海都兰县巴哈毛力沟的岩画出现了三角形、矩形、菱形回纹等几何图形。首先，有了一些平面图形的概念，而后又有了一些立体图形的概念，应该说是极粗糙的和不规则的锥形和心形，逐渐发展成规则的和近似现代的锥形、柱形、球体、卵形体和心形等；其次，从立体器物的轮廓形状慢慢有了圆、椭圆、三角形、矩形、半月形和卵形等平面图形的概念，或许圆和半月形的概念应该更早，因为人们对太阳和月亮的注意是最早的。陶器上的纹饰则是人们主动刻画在陶器上的几何图形，这表明那时藏族人民不仅有了图形的概念，而且知道怎样去做它们，也隐隐约约知道这些图形的特点。例如，菱形的对边是平行的、四边应该相等等。

以佛塔为例（图 6-123），它就是数学思想和数学方法的巧妙结合。从塔形上说，它是很多规则几何体的组合。在建造一座塔时，塔的大小和高度是由解析几何学中的空间直角坐标系中塔的单位长度来确定的。塔的各部位结构所占的比例尺寸都是确定的，各个部位点的坐标的放大或缩小也是按比例确定的。因此，同一类塔，有相同的形状。同时，空间直角坐标系的原理也应用在佛像建造中，佛像大小用单位长度确定，各部位的位置用坐标来表示（图 6-124）。此外，中心投影的几何学原理也运用到了绘画艺术中。唐卡艺术中，其画法是用赭色将画布背面的四个角打出对角线，画面的中心点就是两条对角线的交叉点，再用直尺和圆规从中心点找出水平线和垂直线，这样一个“米”形状的几何线条就出现在画布上。至此，垂直线、水平线、对角线和中心对称等几何概念就出现了。

图 6-123　佛塔及结构

图 6-124　佛像

研究者对藏族传统生活中的算术、代数、几何在传统文化生活中的体现进行了分析探讨①，诸如计数方法与藏文数字，三阶纵横图与数字喜好，西藏地名与数字，藏族文学作品与数字、节日、名字、建筑等。对藏族古代的对称图形进行的研究，反映了藏族先民很早就有了对称的观念及对对称图形的喜爱，充满了函数思想和数理逻辑，还有大量的代数、三角等数学专业知识。

① 王琼．藏族传统生活中的数字文化［J］．西藏大学学报，2007（2）：39-43.
大罗桑朗杰，华宣积．藏族喜用纵横图［J］．西藏大学学报，2001，16（4）：37-42.

图 6-125　藏族多样的计算工具

第九节　蒙古族传统生活中的数学文化

研究者对蒙古族传统生活中的数学文化进行了挖掘。① 蒙古族传统生活中的数学文化主要表现在其建筑艺术、服饰、绘画艺术及天文历法等方面。他们在自己的生活实践中广泛运用数学知识，形成了独具特色的数学文化。

黄金比例在蒙古包、服饰、图案等方面有诸多运用，生活中的数学计算和一些数字的哲学意义，棋盘、建筑、图案艺术中运用的几何知识很好地体现了数学的简洁美、对称美。在蒙古族天文历法运算的纵横图中，从 1—9 的每个数字不但有运算作用，还有哲学、天文知识和美学意义。

① 代钦．蒙古族传统生活中的数学文化 J]．内蒙古师大学报：哲学社会科学版，1996（2）：42-47.

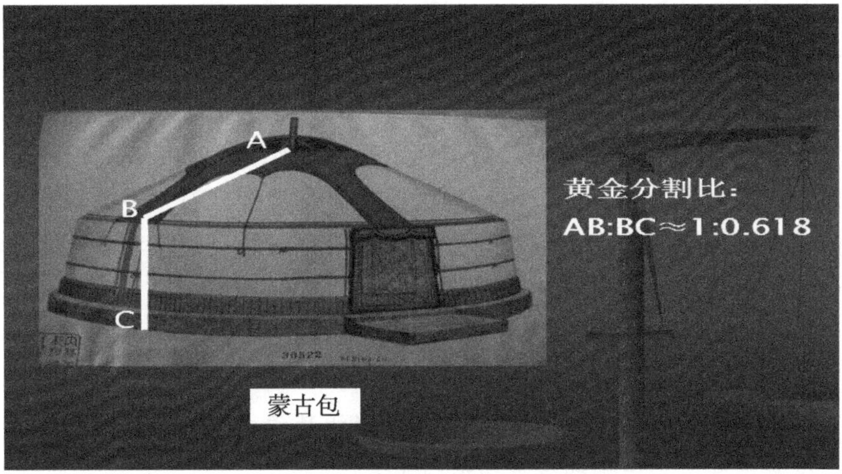

图 6-125 蒙古包

第十节 其他少数民族数学文化研究成果

彝族、羌族、水族、黎族等少数民族数学文化的研究成果表明，少数民族先民很早就有了数的概念与计数方法，有独特的数的运算及计算工具。在几何图形方面，大都处于实用阶段。在服饰、生活器皿等日常活动的用具中，有许多优雅美观的图案。其中，有的巧妙运用了直线、平行线、折线、正方形、菱形、矩形等，构成整齐美观富有装饰风格的几何图形，许多图形的构成中已应用了中心对称、轴对称、全等变换、相似变换和周期性原理等。少数民族先民对形的认识，主要从几何图形的应用中表现出来。

从以上多个少数民族的数学文化研究成果来看，这些少数民族在漫长的历史发展中创造了丰富的数学文化。固然每个民族不一定都有独立的数学文化体系，可在数学发展的历史进程中，各民族文化中有着自己丰富的数学思想及其实践：刻木计数方法在古代各个民族中都被采用，而黎族的结绳、刻木计数的方法一直沿用至中华人民共和国成立前；羌族古砖、陶罐中蕴含着丰富而深刻的几何思想；水族的民间古歌反映了原始的数学概念，水族的铜鼓、古墓、民间工艺品上有着丰富的几何图形；彝族的九九表运用久远；布依族的鸡骨占卜充满概率论原理；传统蒙古包具有人类黄金比例结构；壮族、黎族、藏族、维吾尔族、土家族、布依族等富有特色的少数民族锦缎中蕴含着丰富的几何图形等。

总之，通过对我国少数民族数学文化研究成果的梳理发现：从涉及的少数民族来看，有藏族、苗族、彝族等近20个民族；从研究者的地域分布来看，研究者主要集中在西北、西南地区；从研究类型来看，多数研究属于调查研究，并且独立研究多，合作研究少；从研究的侧重点来看，注重少数民族文化中所蕴含数学文化元素的开发。

思考题

1. 通过对少数民族传统生活中丰富多彩的数学文化的学习与欣赏，你感受到了少数民族文化中哪些智慧和美的元素？

2. 民族数学文化对你将来要从事的职业有什么启发？

3. 查阅其他已有的少数民族数学文化的研究成果。

下篇　民族数学教育

余有富老师在授课

张萌（阿昌族）老师在授课

第七章　少数民族数学教育

第一节　数学教育

数学教育是研究数学教学的实践和方法的学科，也是现代社会激烈争论的主题之一。这个术语既指各地教室里的实践，也指新生的学科等。这方面最重要的国际组织是数学教育国际委员会（the International Commission on Mathematical Instruction）。①

数学教育是一种社会文化现象。数学教育的历史源远流长，可以追溯到人类开始计数的原始社会。古埃及产生了几何学，巴比伦则产生了乘法表、倒数表等，古希腊的柏拉图学院门口则写着："不懂几何学的不准入内。"中国的夏、商、周奴隶制社会，甲骨文字中已有较完整的十进位制计数法，《周礼》中提到六艺："礼、乐、射、御、书、数。"

真正的数学教育始于工业革命时代。1760 年，英国的普里斯特利首先提出基础的学术性课程，其中包括数学课程。此后，欧美各国出现了内容大致相同的数学课程，并逐步推广到全世界。

数学教育是一种社会文化现象，其社会性决定了数学教育要与时俱进，不断创新。数学教育中的教育目标、教育内容、教育技术等一系列问题都会随着社会的进步而不断变革与发展。数学教育改革的背景，至少有来自九个方面的考虑，即知识经济、社会关系、家庭压力、国际潮流、考试改革、科教兴国、深化素质教育、普及义务教育、科技进步。②

数学教育界学者认为，现在的数学教学过于强调学的深思，即强调陈述

---

① http：//baike. baidu. com/view/3253095. htm.

② http：//baike. baidu. com/view/1385258. htm#4.

性知识与程序性知识，而忽视潜在的过程性知识所凝结和沉积的人类智慧。抽去了智慧的知识是死的知识，既提不起学生的兴趣，又使学生觉得无用。这种教学很难具有教育性。

荷兰著名数学教育家弗赖登塔尔曾经这样描述数学的表达形式："没有一种数学的思想，以它被发现时的那个样子公开发表出来。一个问题被解决后，相应地发展为一种形式化技巧，结果把求解过程丢在一边，使火热的发明变成冰冷的美丽。"数学教科书中的许多陈述往往就是美丽而冰冷的数学。教科书是以数学的学术形态表达形式呈现。因此，数学教育中的"火热的思考"被淹没在形式化的海洋里。实际上，数学的学术形态通常表现为冰冷的美丽，而数学知识的教育形态正是火热的思考。对此，张奠宙教授提出，数学教学的目标之一是把数学知识的学术形态转化为教育形态。①

长期以来，在数学教育教学实践中体现着一种将"数学教育"与"人文教育"对立起来的认识倾向，似乎数学教育的目的仅是弘扬科学精神，而人文精神则很少被提及，从而导致数学与其他学科特别是人文学科的过度分离，导致数学教育过程中人文精神的进一步丧失。在应试环境下的数学教育，其人文价值被严重忽视了，甚至出现了"只见物不见人"的极端倾向。虽然学生熟练掌握了数学的知识与技能，但他们未必真正地"理解"数学。事实上，他们学的是一种"不完整"的数学。

数学教育人文化，并不是数学与人文的简单相加，而是指在新的教育理念指导下，它们相互整合，构成一个完整的有机整体。因此，充分认识数学文化及其教育价值，确立科学与人文融合的新教育价值观，是全面实施数学素质教育的崭新课题。②

何谓完整的数学教育，有研究者提出③，数学文化教育有两个维度，即"教"和"育"。数学文化教育的"教"又由"教的内容"和"教的方式"构成。"教的内容"既有知识性成分又有观念性成分，观念性成分有机地融入知识性成分的教学活动之中。数学文化教育的"育"是指数学文化教育的目

---

① 张奠宙，王振辉．关于数学的学术形态和教育形态——谈"火热的思考"与"冰冷的美丽"[J]．数学教育学报，2002，11（2）：1-4.

② 郑强，郑庆全．论课程形态的数学文化及其价值的实现[J]．数学教育学报，2005，14（1）：22-25.

③ 王富英，马岷兴．数学文化教育及其结构[J]．数学通报，2008，47（7）．

的是“育人”，是以数学的内容、思想、方法、精神来影响学生的思想、观念、行为、态度和精神，即“以数学来育人”。数学文化教育，使学生认识到数学“是人类文化的重要组成部分”，“是推动人类进步的产物，也是推动社会发展的动力”。

由数学文化教育的两个维度可知，数学文化教育充分体现了数学的二重性，是素质教育在数学学科教学中的真正落实和体现。因此，数学教育只有上升到文化教育层面，才能称为一个完整的数学教育。

我国著名数学教育家张奠宙先生提出：“数学有三种形态，即原始形态、学术形态和教育形态。”①

原始形态是指数学家发现、证明数学命题、定理等时所进行的数学思考。

学术形态是指数学家在发表论文时采用的形态，如形式化、严密演绎、逻辑推理等。它以简洁明了、形式化的方式呈现，却把数学的“本来面目”淹没在形式化的海洋里。

教育形态是指教师启发学生进行火热的思考，从而让学生容易理解并接受人类数千年积累的数学知识体系。教育形态与原始形态的共性是火热的思考。

在相当一个时期，我国的数学课程的内容多数以学术形态呈现，学生看到的数学内容大多是干巴巴的文字语言、冰冷的数学式子、孤立的定义、定理、公式和法则，失去了学习数学的兴趣，丧失了“火热的思考”。事实上，多数数学概念、数学命题其背后都有一部“活生生的历史”，即数学的原始形态。

数学教师如何在数学的学术形态与教育形态两者之间寻找“中间地带”，尽可能减少把书本上的形式演绎过程冰冷地抄写在黑板上让学生对数学的理解仅停留在程序性理解上，“只见物不见人”的现象需要引起人们的深思。

还原“数学本来面目”，其内涵包括数学知识的内在联系、数学规律的形成过程、数学思想方法的提炼、数学理性精神的体验等，而这些正是数学文化所覆盖的内容。

数学文化的内容丰富多样，多数来源于原始形态的数学。材料的呈现符合学生的心理，极易引起学生强烈的共鸣。

南开大学顾沛教授曾指出，一个人的学历教育中，从小学一年级到大学

---

① 张奠宙．教育数学是具有教育形态的数学［J］．数学教育学报，2005，14（3）：1-4.

一年级，一般要学13年的数学课程，只有语文课能与之相比；但许多人并未因为学的时间长就掌握了数学的精髓。日本学者米山国藏也指出，在学校学的数学知识，毕业后若没什么机会去用，不到一两年，很快就忘掉了。然而，不管他们从事什么工作，唯有深深铭刻在头脑中的数学的精神、数学的思维方法、研究方法、推理方法和看问题的着眼点等，却无时无刻不在发生作用，使他们终身受益。这段话说得很中肯，涉及数学的精髓，也涉及人的数学素质。

第二节　民族数学教育

中华人民共和国成立以来，我国少数民族数学教育取得了较快的发展。2008年，在重庆举行的中国少数民族数学教育发展学术研讨会上，宋乃庆、李宁银就中国少数民族数学教育做了如下的概述。

中国少数民族数学教育源远流长、独具风格、硕果累累、成就辉煌。无论是从西藏布达拉宫到敦煌莫高窟宏伟的建筑设计，还是从新疆地毯的精美图案到西南少数民族的绚丽服装，无不反映出丰富的少数民族数学文化和少数民族数学教育成果。中华民族历史悠久的文化，是56个民族的智慧结晶，作为科学技术基础的数学，伴随着中国各民族的社会生产实践和社会生产方式的发展，必然形成各民族的数学教育方式。

随着我国少数民族地区数学教育事业的发展，少数民族数学教育研究方法的多元化、科学化。少数民族数学教育由单一的数学教育学或民族学的研究方法出发研究问题，转变为数学教育学、民族学、心理学、历史学、社会学、人类学、语言学、文化学等跨学科、跨文化的研究方法。而且现代化的教育技术学、信息工程学的相关理论与方法也被引入少数民族数学教育的研究领域。目前，我国少数民族数学教育基于对民族教育的不同理解，主要开展了下述一些研究。

一、少数民族教育说

《教育大辞典·民族卷》认为：“民族教育是中国少数民族教育的简称，特指除汉族外，对其他55个民族实施的教育。”《中国大百科全书·教育卷》的定义是：“少数民族教育，就是在多民族国家内对人口居于少数的民族实施的教育，简称民族教育。在中国指对汉族以外的其他民族实施的教育。”开展的数学教育研究如《湖南省少数民族地区中学生思维水平现状的测查与分析》① 及《少数民族学生学习数学障碍浅析》② 等。

二、跨文化教育说

汪秉彝、吕传汉指出：“如果民族数学教育就是指民族地区的数学教育的话，那么民族数学教育实质上就是跨文化数学教育，而跨文化数学教育就是民族数学教育在深度上的延续、在广度上的拓展。因为一个相对成熟而独立的数学教育体系是建立在一个相对稳定的大文化圈之上的。”③ 基于这种认识，开展的研究如《文化背景与民族教育》④ 及《数学教育的跨文化研究》⑤ 等。

三、多元一体说

民族教育是指对一个有共同语言、共同地域、共同经济活动与共同民族文化特点上的共同心理素质这四个基本特征的稳定共同体的文化传播及培养，该共同体成员适应本民族文化的社会活动。此类研究如《汉、藏、回族中小学生数学思维能力发展差异性及其根源的跨文化研究》⑥ 及《不同地区和民族 9—12 岁儿童数学能力发展分析与对策研究》⑦ 等。

综合少数民族教育工作者的研究成果，其主要研究领域如下：

---

① 朱元生，陈焕然．湖南省少数民族地区中学生思维水平现状的测查与分析［J］．数学教育学报，1992（1）．

② 王明成，欧开灿．少数民族学生学习数学障碍浅析［J］．西南民族学院学报：自然科学版，1994（4）．

③ 汪秉彝，吕传汉．再论跨文化数学教育［J］．数学教育学报，1999，8（2）．

④ 吕传汉．文化背景与民族教育［M］．贵阳：贵州教育出版社，1991.

⑤ 张洪林，蔡金法，汪秉彝．数学教育的跨文化研究［M］．重庆：重庆教育出版社，1999.

⑥ 吕世虎．汉、藏、回族中小学生数学思维能力发展差异性及其根源的跨文化研究［J］．民族教育研究，1993（2）．

⑦ 于萍，莫瑞芳．不同地区和民族 9—12 岁儿童数学能力发展分析与对策研究［J］．民族教育研究，1998（1）．

少数民族教育主要研究领域

领域	内容
现状研究	1. 学生数学学习的现状 2. 数学教师的教学现状 3. 教学媒体使用的现状
影响因素	1. 外部因素：文化环境；社会、家庭环境；经济条件和自然环境；语言和数学背景等 2. 内部因素：教材的不适用；师资问题；学生数学学习方法以及问题；个性品质倾向
理论研究	1. 对跨文化研究的理论介绍 2. 确定民族数学教育的研究内容 3. 确定民族数学教育的研究方法 4. 当前教育思潮与民族数学教育的结合
数学文化	1. 挖掘某一民族的数学文化 2. 从理论上探讨民族文化的概念、特征及与数学教育的关系等
双语教学	1. 语言对少数民族数学教育的影响 2. 数学双语教学研究
教材教法	1. 一线教师通过多年的实践经验，总结出来的教学方法 2. 高校教师连同一线教师进行教法改革
数学能力	1. 少数民族学生数学能力的现状 2. 少数民族学生数学能力差异的原因分析 3. 培养少数民族学生数学能力策略
信息技术	1. 信息技术与少数民族数学教育 2. 信息技术与数学思想的表达 3. 信息技术与少数民族数学教学模式
专业发展	1. 教师专业化现状分析及对策 2. 师范院校课程体系建设 3. 在职教师专业发展

中国少数民族数学教育的现状与问题主要表现在：（1）教师队伍结构性失衡；（2）人力资源需求的现状与少数民族数学教育之间的差距；（3）民族地区的少数民族教育发展水平差距有进一步拉大的趋势。

第三节　我国民族数学教育研究的特点

我国少数民族数学教育工作者从各自的研究视角，对少数民族数学教育研究呈现的特点做了如下阐述。

李忠如、陈碧芬、康世刚博士认为我国少数民族数学教育研究领域及特点如下：

(1) 范围广，涉及数学教育几乎各领域：课程、教材、方法、理论；教师、学生；技术（条件）。

(2) 研究文章的数量还不是很多。

(3) 研究的深度，总体上还主要是现象的揭示，对现象背后的原因还缺乏更加深入的研究，一些解决问题的办法还停留在经验或理性分析层次，对于如何提高少数民族数学教育质量与效益还缺少经过实践检验有效的措施；后续研究不够。

(4) 研究的价值趋向与国际大背景还无法足够融通，对于各民族自身的数学文化的揭示不够，对民族学生学习数学知识的方式缺乏深入实证研究。

2008 年，孙名符教授在重庆举行的中国少数民族数学教育研讨会上，对我国少数民族数学教育研究的特点提出了下述观点：

◆　从时间上来看，这些研究成果主要兴起于 20 世纪 80 年代末，在经过 20 世纪 90 年代的蓬勃发展后，现今呈现出欣欣向荣之态势；

◆　从研究的特点来看，主要表现为中国少数民族的跨文化研究；

◆　从研究的内容来看，大部分研究成果主要属于少数民族学生数学能力（包括数学思维能力及其他能力）研究、认知特点分析、文化背景与汉族学生的差异性研究；

◆　从研究的方式来看，绝大部分属于个案研究；

◆　整体而言，中国少数民族数学教育研究的视角及内容不太平衡，有重大研究价值的成果不太多，从事民族研究方面的科研队伍也不强大，绝大多数工作者往往以一般教育学、心理学理论套上民族学的外衣，做些表面性的测试报告或经验总结，理论深度不够，对民族文化本身以及对处在多元化文化背景中发展起来的民族研究差异认识不足。

第四节 跨文化数学教育研究简介

一、跨文化比较研究

什么是跨文化比较研究？简单地讲，这是一种探讨文化因素对人类行为影响的研究方法，其目的有二：一是透过文化间的比较以了解人类发展的普遍原则；二是了解文化因素对个体发展的影响。例如，为了了解不同文化环境中生长的儿童的人格，可以把文化背景作为“变量”，然后选择美国儿童、中国儿童两组对象，再分别实施人格测验，从所发现两组儿童的人格差异，可以了解文化因素与人格之间的关系。值得注意的是，今天的教育工作者越来越关注学生的文化环境，甚至把它作为影响学生在校学习的一个重要因素。

按许多数学教育研究者的看法，对数学教育教学中的“文化因素”的关注始于由美国学者斯梯文森（M. Stevenson）等进行的一项研究。以后，美国学者基墨尔（J. Zimmer）和他的中国合作者（王长沛等）也进行了类似的研究。这类研究的目的之一是解释造成不同国家或地区的学生数学学习成就差异的原因。研究的假设自然是来自不同国家或地区的差异，文化因素可能是产生这种差异的重要原因之一。当然，通过文化间的比较，还可以揭示儿童发展的一般规律，了解文化因素对儿童个体发展的影响。①

2014 年 9 月，在重庆举行的第四届中国少数民族数学教育学术研讨会上，主要从事不同国家数学教育比较研究、不同文化背景下数学学习特征等研究的梁贯成教授指出：

研究显示：学生的社会文化背景，对学生的学习有莫大的影响。意思就是学习成效不仅受到课堂的教与学影响，过去 30 年研究说明社会及文化对数学教育有极大的影响。少数民族的数学，受其历史与文化影响；少数民族的学生，不是一般意义下的“差生”；理解少数民族学生学习数学，应从一个“文化欠缺”的角度，转到一个“文化差异”的角度；以解决某一文化（例

① 数学课程教材研究开发中心著．数学文化［M］．北京：人民教育出版社，2003：246.

如主流文化）内数学教育问题的方法去解决另一文化（例如少数民族）的问题，通常都失败。

学校和课程的文化，必定与学生的家庭和日常生活的文化有差距。对少数民族学生来说，就有双重的差距和冲突。教授的对象，是活在深厚文化中，有血有肉的学生，教师要解决学生学习数学的困难，就要处理这种文化差距和冲突，教师要处理这种文化差距和冲突，就要先认识和了解学生的文化。

教少数民族学生数学，不单涉及语文问题（双语教学），更涉及文化差异问题（双文化或跨文化教学）。

二、我国的跨文化数学教育研究

我国西部地区由于社会历史发展的原因，少数民族地区的经济、文化教育发展相对滞后。为了改变这种相对滞后的状态，必须努力发展民族地区的教育，特别是发展基础教育。为此，必须对民族地区的基础教育特别是农村的中小学数学教育进行研究。又鉴于人类文化的多元性及经济、文化背景差异的绝对性，必然带来不同文化背景教育的差异，特别是城乡文化背景教育的差异。因此，在民族地区进行不同文化背景下的数学教育状况、特点和规律的研究（简称为“跨文化数学教育研究”）势在必行。

跨文化数学教育研究，是指对不同文化背景下的数学教育特点和规律的研究。它的宗旨是努力改善文化背景中不利于学校数学教育的因素，不断缩小与先进地区学校间的数学教育差距，在民族地区主要是城乡学校的数学教育差距。①

下面节选引用陈飞对跨文化数学教育的提出者、贵州师范大学教授吕传汉先生的专访。② 该文涉及我国跨文化数学教育研究的缘起、发展历程与展望，有助于了解跨文化数学教育研究的进程及未来走向。

第一，发展历程。

陈：您先是从事了 23 年的高等数学教学，又经过数年的探索，终于选择了跨文化数学教育研究这个研究方向，并且带着您的团队

---

① 吕传汉．初论跨文化数学教育研究：数学教育科学论文集［C］．天津科技出版社，1990.

② 陈飞．跨文化数学教育研究的缘起、发展与展望［J］．数学教学，2018（3）.

一研究就是 30 多年。您能否谈一谈跨文化数学教育研究的主要内容有哪些？实施的过程是什么样的？

吕：我从 1985 年开始从事跨文化数学教育研究，一直到现在，做了 30 多年，可以分成三个阶段。

第一个阶段（1985—1997）：重点挖掘贵州少数民族地区的数学文化，考察不同民族文化背景下学生的数学思维状况。

第一阶段的研究成果主要体现在研究生的论文中，同时也出版了《文化背景与民族教育》《数学教育的跨文化研究》等专著。不足之处是没有用到课堂教学上。

第二阶段（1998—2013）：重点进行跨文化数学教育融入课堂教学实验，即“情境—问题”教学实验。

“情境—问题”教学模式的流程是“创设情境，提出问题，解决问题，注重应用”。教学模式的核心是把“质疑提问”、培养学生的问题意识、提高学生提出问题与解决问题的能力贯穿于教学过程的始终。该教学模式由数学教学迁移到其他学科教学。应用该模式教学，中小学教师容易操作，实验班级教学质量得到明显提高，实验教师的专业化教学水平也得到较好的发展，历时 14 年的教学实验在国内外产生了较广泛的影响。

第三阶段（2014 年以后）：重点研究通过教思考、教体验、教表达（简称“三教”）培育学生的核心素养。

教思考，重在培养学生的数学思维；教体验，重在促进学生的数学领悟；教表达，重在强化学生的数学交流。

“三教”和第二阶段的“情境—问题”教学模式结合起来，“三教”思想引领“情境—问题”教学，能够培育学生的核心素养。跨文化研究的教学实验点，主要放在县及县以下的中小学，通过“三教”教育理念，减小了城乡数学教育的差距。

跨文化数学教育研究分三个阶段做了以后，得到了数学教育专家和一线数学教师的广泛认可。我们认为做教育研究课题不应抱着过强的功利心，只要踏踏实实地去做就行了。

第二，发展展望。

陈：此项研究要不断地传承下去才好，能否谈一谈您的团队中能够继承您的事业继续从事跨文化数学教育的中坚力量？

吕：跨文化数学教育研究是一个长远的、世界性的教育研究领域，他的研究宗旨是缩小文化背景带来的数学教育差距，这对我们多民族国家的人才培养具有重大的现实意义。现在我们的研究团队，仍在继续进行此项研究工作，诸如：

贵州师范大学数学科学学院 2013 年荣获了教师教育国家级团队，获得了博士学位授予权。现在以博士导师夏小刚教授（我的硕士研究生）为首的团队里有 11 个人，其中有教授 5 人、博士 3 人、硕士 7 人。他们在继续进行“三教”培育城乡学生核心素养的有关课题的研究。

凯里学院民族数学文化研究团队，主要成员有罗永超教授（我的本科学生）、杨孝斌博士、教授（我的硕士研究生），近几年他们出版的著作有《苗侗数学文化与数学情境教学》及《贵州少数民族数学文化研究》。现正在继续进行苗族、侗族数学文化的发掘与进课堂的教学研究。

兴义民族师范学院副院长彭光明教授（我的本科生），最近几年带着他的研究团队，研究了黔西南州的布依族数学文化，出版的著作有《山地旅游、布依数学文化案例选》。正在将布依数学文化用于初中、小学的数学教育之中。

云南德宏师专的周长军教授（我参与指导的硕士研究生）团队，研究了云南傣族数学文化，出版了《水文化中的数学智慧——德宏傣族民俗文化中的数学元素》。

我都积极指导他们，继续从事民族地区的跨文化数学教育研究工作，并应用民族数学文化进课堂，培育学生的核心素养，努力为国家民族地区，培养更多的创新型人才。

思考题

1. 简述民族数学研究的领域。
2. 民族数学的教育价值体现在哪些方面?
3. 简述对完整的数学教育的理解。

第八章　民族数学文化与数学教育

第一节　数学文化在数学教学过程中的缺失

数学文化具有认识价值、智力价值、精神价值和美学价值，表现在数学的起源、发展、完善和应用的过程中体现出来的对于人类发展具有的重大影响方面。正是因为数学作为文化对人的发展乃至社会文明进程的影响，才使数学教育对于个人的发展，乃至国家的发展、民族的进步体现出重要的作用。所以，数学教学也越来越多地考虑到数学文化的成分，使其有计划、有目的和自然地引入数学教学中，发挥数学文化帮助学生学习数学、理解数学、深刻认识数学和真正应用数学的作用。

然而，在现实的中小学教学实践中，不少教师还不能认识到数学文化在数学教学中的重要性。与数学教育界呼吁将数学文化理念渗入数学教学实践的热切态度不同，中小学数学一线教师对于数学文化的反应更多的是茫然。戴风明对现实的中小学教学实践中存在的教学目标的形式化、教学内容的表面化、教学过程的机械化、教学评价的简单化等现象，导致的数学教学在数学文化上的缺失现象做了深入的研究和分析。①

一、教学目标形式化——缺乏对数学文化目标的准确定位

教学目标是师生通过教学活动预期达到的结果或标准，是对学习者通过教学以后将能做什么的一种明确的、具体的表述，主要描述学习者通过学习后预期产生的行为变化。教学目标具有导向、控制、测度、激励等功能。叶

① 戴风明．数学文化在数学教学中的缺失与对策［J］．数学教育学报，2011，20（6）：74-77.

中豪先生认为："数学是一种文化，而文化就是要被继承的东西。"因此，数学教学应将"让数学变得文化一些，还数学以文化之本来面目"作为追求的目标。然而，当前不少教师在教学中，缺少目标意识与目标定位，不重视理论上的学习，对教学目标的功能知之甚少。因而，对教学目标的重要性缺乏应有的认识，重视程度不够，更不会结合数学文化科学地处理教材。通常是例行公事，敷衍检查，或照搬课程标准中的条条框框，或照抄教学参考书中的教学目标内容，而对其文化内涵、实质都缺乏认真研究。由于教学目标的设计流于形式，导致了教学的无方向性，不知道应在数学文化方面达到什么样的目标，当然也就更不知道教学结束后学生行为所发生的变化，造成教学无效或低效教学。

二、教学内容表面化——缺乏对数学本质的揭示

数学不仅是数学知识的汇总，更重要的是它包含着十分丰富而深刻的文化内涵。回顾以往的数学教学，往往只重"知识点"，千方百计地把知识点深化、强化，把一些不该强化的东西过于强化，却不注意对数学思想和本质的揭示。这样，学生学到了数学的表面形式，而没有体会到数学内在的美；学到了一大堆解题套路，而抛弃了数学的灵魂；学到了好多公式、定理，却丢掉了产生这些公式、定理的创新过程；做了大量习题，却不知数学的价值。学生学到了数学的壳，却丢掉了数学的核；学到了数学的形式，却丢掉了数学的美；学到了数学的方法，却丢掉了数学的灵魂。因此，学习的主动性、探索性被抑制了，数学的魅力被扼杀了，对数学的情感淡漠了，数学精神被忽视了。这种教学加重了学生的负担，忽视了学生的全面发展，造成教学中数学文化的缺失。

三、教学过程机械化——缺乏数学文化与教学的有机结合

当前，数学教学中似乎盛行着"数学文化"之风，然而一线教师对什么是数学文化？在教学中如何实施数学文化教育心中无数，感到茫然。在教学设计中存在着对数学文化的片面理解与片面、盲目追求的现象，把数学文化当成"华丽的装扮"，采取机械化、复制化的教学方法进行数学文化的教育。有些教师生硬地简单增加一块"史料"，以为数学文化就是数学史，数学文化

教育就是讲讲数学历史上的人和事，讲讲数学家的生平以及数学成就诞生的背景。有些教师以为数学文化就是介绍一些数学趣题，做一些数学智力游戏。更多的教师以为数学文化就是数学本身，把数学学好，会做题，思维得到训练，文化也就在其中了。

其实，数学文化不等于“数学+文化”，数学文化应表现为用文化的视角观察数学，用数学的眼光来审视文化，数学与文化的水乳交融、合二为一。唯有认识到这些，才能跳出“数学+文化”的误区，才能从更为开阔、全面、辩证的视角理解并构建数学文化课堂。

四、教学评价简单化——缺乏对数学文化的考量

评价在教学中的功能是多方面的，既有甄别、导向功能，也有反馈、调节、激励功能。因而，评价对教学的实践与发展有着极为重要的影响。由于复杂的社会大背景，不成熟的评价机制，使功利主义、工具主义弥漫在教师之中。至于学生的创新意识、实践能力、数学素养及情感、态度与价值观目标，在数学教学实践中常沦为外在目标的一种附庸，而在具体的课堂教学中常常被架空。要把这些长期形成的评价观念、方式、方法彻底扭转过来，需要一个长期、艰苦的过程。

通过深入研究和分析，就如何避免数学文化在数学教学中的缺失现象，戴风明提出了通过营造良好的数学文化氛围来开展数学文化教学的对策。

一是科学、合理、准确地定位教学目标。新的课程标准把数学文化作为一个独立的要求放入课程内容中，要求把数学的文化价值渗透到课程内容中。通过数学文化的学习，学生将初步了解数学科学与人类社会发展之间的相互作用，体会数学的科学价值、思维价值、应用价值、人文价值等。这是数学课程关于数学文化学习方面提出的总体目标。数学课程目标是教育目标的具体化，而教学目标又是课程目标的进一步具体化。为此，在确定教学目标时，应注意以下三点：第一，要注意科学性。要立足于数学学科，不能“穿靴戴帽”地把数学课上成文学课或其他课程，“种了别人的田，荒了自己的园”。第二，要注意合理性。数学文化的传播不是一朝一夕就能完成的，而是要在潜移默化中让学生慢慢加以接受。所以，在确定教学目标的时候不能定位太高。要注意课本已有的数学文化素材、学生年龄特点和不同时期学生的不同

认知水平，整合知识与能力、过程与方法、情感态度与价值观三维目标，做到三位一体，切忌流于形式，确保教学目标落到实处。第三，要注意准确性。确定教学目标要具体、可观察、可测量，以学生为指向。

二是深刻理解教学内容的文化内涵。“数学文化”的价值并未直接出现在教材中，而是蕴含于数学知识之中的，是从教学内容反映出来的。它包括数学教材带给学生的显性知识，即那些呈现于数学课程中的概念化了的数学知识与数学思想，也包括隐含在教材中的难以用概念来描述的对数学的情感、态度等观念性的东西，特别是理性思维的培养。

因此，在教学中可以考虑运用“准历史现象”法辅助组织数学教学，根据实际情况从数学文化的视角对教材进行适当的加工、改编和再设计。可以将与教学内容相关的数学史料，尤其是对某一数学理论的形成曾起到启发转折和关键作用的人物、事件和思想，进行重新组织，使其具有让学生更容易理解和接受的时空连续性，体会到数学家的创新精神；也可以创造性地使用教材，充分挖掘教材资源，优化教学内容。

三是通过多种途径采取灵活多样的教学方式。与数学知识和技能的教学不同，数学文化在数学课程中的体现形式应更为多样化和灵活化。如结合具体的教学内容穿插进行，可以是一句话、一个片段、一个故事、一个漂亮的结论等；也可以布置一个专题，让学生通过多种途径去查找资料，撰写数学小论文；还可以使用录像、网络等手段，对有关内容做形象化处理，提高教学效果。

要帮助学生欣赏数学的美学价值。数学文化的美学特征是数学文化的重要内容。可以利用数学符号、公式、图形、解题的简洁美、对称美、奇异美、统一美等充分发挥数学的美育功能。要引导学生利用已有数学知识、数学思想方法去分析日常生活中有关的数学现象，并解决某些数学问题，让学生体会到数学广泛的应用价值。

四是建立多元化的评价目标，营造良好的数学文化氛围。教学评价是数学教学中不可缺少的环节。在教学中要充分发挥教学评价的导向、激励作用，建立多元化的评价目标，使教学评价有利于营造良好的育人环境和数学文化氛围。

第二节　少数民族数学文化课程资源

一、课程资源及其分类

课程资源①是指课程要素来源以及实施课程的必要而直接的条件。课程资源的结构包括校内课程资源和校外课程资源。校内课程资源，除了教科书以外，还有教师、学生，师生本身不同的经历、生活经验和不同的简历、学习方式、教学策略，都是非常宝贵、非常直接的课程资源，校内各种专用教室和校内各种活动也是重要的课程资源。校外课程资源，主要包括校外图书馆、科技馆、博物馆、网络资源、乡土资源、家庭资源等。

有学者根据课程资源的功能特点，将其分为素材性课程资源与条件性课程资源，并对课程资源的概念做了广义与狭义之分。广义的课程资源是指有利于实现课程目标的各种因素，狭义的课程资源仅指教学内容的直接来源。按空间分布和支配权限分为校内课程资源与校外课程资源，凡是学校范围内的课程资源就是校内课程资源，超出学校范围的就是校外课程资源。还可以根据其他的角度划分为社会资源与自然资源，人力资源、物力资源与财力资源，纸质资源与电子声像资源等。由于划分标准多样，定义也就不同。校内课程资源可以包括素材性课程资源和条件性课程资源，校外课程资源也同样包括素材性课程资源和条件性课程资源。

课程资源的分类大致可归纳为以下方面：

第一，依据《基础教育课程改革纲要（试行）》分为校内课程资源、校外课程资源和信息化课程资源三类。《基础教育课程改革纲要（试行）》明确指出："积极开发并合理利用校内外各种课程资源，学校应充分发挥图书馆、实验室、专门教室及各类教学设施和实践基地的作用；广泛利用校外的图书馆、博物馆、展览馆、科技馆、工厂、农村、部队和科研院所等各种社会资源及丰富的自然资源；积极利用并开发信息化课程资源。"

第二，按照课程资源的性质来分，课程资源可以分为自然课程资源和社

---

① http：//baike. baidu. com/view/625192. htm.

会课程资源。自然资源，简单理解就是来自大自然的真真切切的事物，比如动植物、微生物、食物链、生物圈，这些可以用于生物学课程教学；地形、地貌和地势等这些可以用于地理课程的教学；再比如气候、天气预报、四季节季相、二十四节气等，则适用于作为气象学的资源。学生在与大自然接触的过程中对大自然产生了解，懂得维护生态平衡、保护大自然的重要性等知识。社会课程资源包括公共设施和公共场所、人类的交际活动与社会交往过程中所建立的人际关系、群体的行为规范、同辈团体的影响、个人的人格特征、合作原则和礼貌原则、价值观、信仰、风俗习惯等。这些社会资源都会直接或间接地成为课程资源，引领和影响学生群体的发展。

对课程资源的开发利用，是新课程改革的重要内容之一，也是实现新课改的必要条件。改变传统的教学观念，突出学生的学习主体地位，是课程资源开发的重要原则之一。开发出优秀的课程资源，有利于培养学生的“自主、合作、探究”的学习方式，转变学生被动的学习地位，有利于素质教育的实现。开发出适合学生并受到他们欢迎的课程资源，将更有利于教学目标的实现，包括知识与技能、过程与方法、情感态度及价值观的培养等。

二、作为课程资源的少数民族数学文化

课程资源是包括教师在内的实现课程目标的各种必要的因素和条件。中小学课程资源的开发和利用，无论在学校层面还是在教师层面，都应该从解决教育教学实际问题的需要出发，建立课程资源的基本分析框架，坚持校内为主、校外为辅的课程资源开发策略，把素材性资源建设作为课程资源建设的工作重点。①

少数民族的现实社会日常生活中蕴含丰富的数学知识，如各种几何图形、轴对称与中心对称、平移、全等形、相似形、度量衡、数列等。结合少数民族数学文化与民族儿童实际，因材施教，促进数学课程内容的改革，如编写乡土教材等。事实上，每个民族都有自己独特的文化体系，民族地区学校教育的内容要与之紧密结合，才更能激发学习者的学习兴趣。

教授的对象是身处边疆少数民族地区，生活在民族文化环境中的学生。

① 吴刚平．中小学课程资源开发和利用的若干问题探讨［J］．全球教育展望，2009（3）．

不难理解，教师要解决学生学习数学理解上的困难，就要处理好文化差距问题。教师教少数民族学生学习数学，不仅涉及语言问题，还涉及文化差异等问题。

课程内容的限定性，使西部民族地区的学生难以通过正规课程系统地了解当地的文化、生态环境、生产生活方式。因此，尊重不同民族的文化差异，探索不同民族中存在的数学思想，对数学课程有重要的实践意义。事实上，学生也并不是单向地从教师那里来获取知识。学习者是在和社会、文化环境的交流中学习数学的，数学教师只不过是社会环境的一个组成部分。为此，数学教师应从学生的传统观念、文化意识、社会背景出发，让学生在学习活动、日常生活、社会实践中学习数学，将少数民族数学文化与现行的中小学数学课程相关的教学内容相结合，使数学贴近学生的生活，使学生感受到数学就在自己身边。这样更有利于学生理解数学知识，激发学生学习数学的兴趣，提高民族学生数学学习的自信心。

通过梳理和展示少数民族日常生活中的诸多方面所涉及的数学因素，可以发掘少数民族文化中蕴藏着有利于民族学生进行数学学习的“生动、直观”、易于理解的“民俗数学”文化资源。这些丰富的自然资源和人文资源，为校本课程的开发提供了广阔的前景。少数民族数学文化对于中小学数学课程开发的启示主要有以下几点。

启示一：民族地区的教师要善于将民族生活中的“日常数学”用作学校中数学学习的出发点和必要背景。一个好的数学教师，就应高度重视和了解学生的文化背景，并善于把它与学校中的数学教学活动联系起来。

启示二：重视校本课程的开发，将源自我国众多少数民族的不同数学文化的素材纳入课程之中，使教材真正体现新的课程标准所倡导的为学生的数学学习构筑起点，向学生提供现实、有趣、富有挑战性的学习素材，为学生提供探索交流的时间与空间，展现数学知识的形成与应用过程，满足不同学生学习的需要。

启示三：克服“日常数学”的特征及其局限性，更好地实现由“日常数学”向“学校数学”的转化，解决民族学生“数学”学科学习的“拦路虎”及其关联性、后续性的难题，这也是实施新课程背景下亟须进一步探讨的现实问题。

少数民族数学文化在民族地区现实的中小学的教学实践中，大多还处于隐性阶段。数学文化现状与素质教育的要求相差较远，出现了一些背离现象、失衡现象及单调现象等。在教学中教师多半以讲授数学知识及其应用为主。数学知识教育关注的不是包括数学文化在内的整个数学知识，它往往不重视、不挖掘、不渗透数学知识中包含的十分丰富而深刻的文化内涵。常以“去情境”和“去过程”为特征，把形式生动的数学知识变成单调刻板的条文背诵，剥离了数学知识与数学文化的内在联系。对于数学在思想、精神及人文方面的一些内容很少涉及，甚至连数学史、数学家、数学思维、数学观点、数学方法这样一些基本的数学文化内容，也只是个别教师在讲课中能零星地提到一些。显然，教师的教学方法跟不上基础教育的改革，出现了与新课程要求脱节的现状。这也绝非少数民族地区中小学数学教育仅有的现象。

随着我国中小学数学教育改革的深入发展，数学文化正在成为数学教育中日渐凸显的一个讨论主题。我国少数民族地区的一些研究者在努力尝试着挖掘本民族地区的少数民族数学文化因素，并将其运用到中小学课堂中的工作。

关于民族文化作为课程资源开发的对象的研究，国内外学者做了不少的研究和实践。但是少数民族数学文化作为课程资源开发的对象的研究尚不多见。从现有的研究成果来看，有学者提出了我国少数民族数学教学中渗透本民族优秀文化的思考。①

关于少数民族数学文化作为可操作性数学课程资源的开发，贵州凯里学院的少数民族数学教育团队做出了卓有成效的实践探索，提出了构建苗族、侗族地区数学课程资源开发的新模式②，其流程如下：

① 付苗．对我国少数民族数学教学中渗透本民族优秀文化的思考［J］．数学教育学报，2009（5）：35-37.

② 张和平．苗侗民族地区地方数学课程资源开发模式构建［J］．教学与管理，2012（3）．

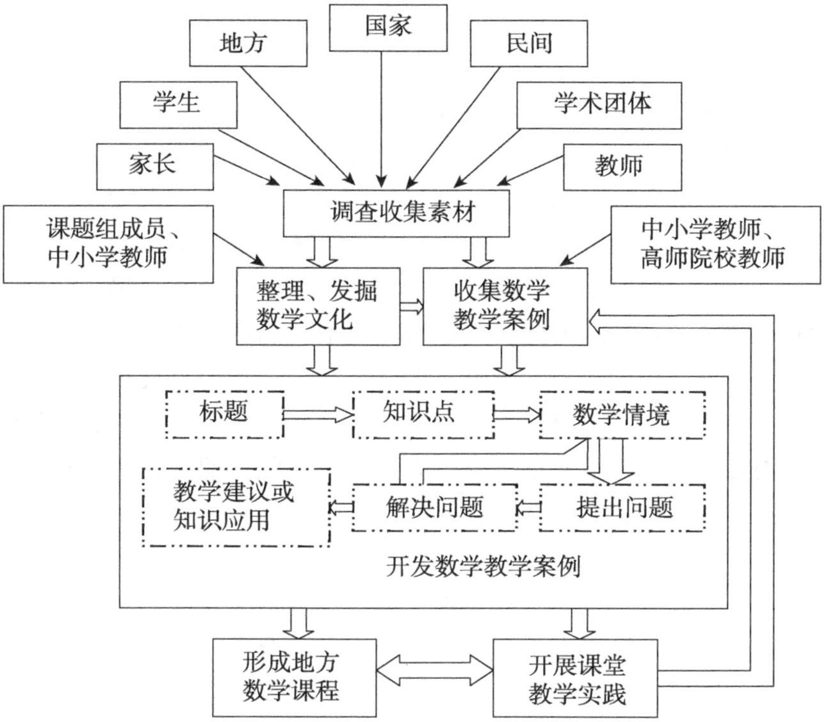

苗族、侗族地区数学课程资源开发模式图

此开发模式由调查收集素材、整理和发掘数学文化、收集数学教学案例、形成地方数学课程、开展课堂教学实践 5 个阶段组成。图中箭头指出了 5 个阶段进行的基本顺序。这 5 个阶段没有严格的顺序界限，整个开发过程不是直线式的，而是一个周而复始、循环往复的回路流程，中间还有回路或交叉。例如，“发掘数学文化”和“收集数学教学案例”可以同时进行，或“收集数学教学案例”之前根本不经过“发掘数学文化”；“形成地方数学课程”和“开展课堂教学实践”可以同时开展，并非先形成完整的地方数学课程后才开展课堂教学实践。其实，课题组在开发苗族、侗族地区数学课程的过程中，每个案例的成熟都是从反复的课堂教学实践中提炼、完善出来的。

图中“收集数学教学案例”模块，主要借助于贵州师范大学吕传汉教授等开发的“情境—问题”数学学习模式作为理论依据，注重创设数学情境，把从情境中探索和提出数学问题作为案例编制的出发点。旨在使课程具有可操作性，符合新课程的理念，利于培养学生的创新意识和实践能力。

经过实践验证，本开发模式适用性较广，实效性较好，可以作为地方课程开发的一种操作方式，并能够有效指导民族地区地方课程资源的开发。

全国少数民族学生的数学学习成绩普遍很低，这与少数民族数学教育脱离少数民族的数学文化背景有一定关系。梁贯成教授的研究从文化差异视角得出的结论："以解决某一文化（例如主流文化）中的数学教育问题的方法去解决另一文化（例如少数民族）的问题，通常都失败。"这值得思考。

其一，"民族数学"的主要论点在于：应看到整个文化环境，特别是日常生活对数学学习的影响。因此，数学课程改革特别注意充分认识数学发展的文化多元性，重视提倡数学学习方式的多样化。从这一意义来看，关注少数民族数学文化是与数学教育直接相关的现实问题。开发适宜少数民族学生数学学习的地方及校本数学教材，应当成为今后一段时期少数民族数学教育研究的关注点。

其二，少数民族数学教育工作者在挖掘少数民族数学文化资源等方面目前取得了一定的进展，但要全面体现少数民族数学文化的教育价值，找出民族数学文化载体与现行中小学数学教材内容的结合点，关注实用性与可操作性，加强实证案例研究，从简单加入、有机融入等理念开发出适合少数民族地区有成效的数学教育课程资源，并体现出民族数学文化对于中小学数学教育的积极作用，"将数学、民族文化、教学法的重叠部分作为教学的生长点，教学的建设性方式将它们结合在一起"①，是一项从难度来看十分艰巨，从时间来看任重道远的任务。少数民族地区数学师资素质及其培训、教学方法、少数民族儿童数学学习心理、社会文化传统对数学教育的影响和制约等也是需要加强研究的课题。少数民族数学文化进入中小学课堂，需要数学教育界积极稳妥地推进。

2010 年 7 月，在浙江师范大学举行的"数学教育的社会—文化研究"专题国际学术会上，宋乃庆先生指出："研究主题多是对数学史激发学生学习数学的兴趣等方面的论述，基本是对一些与数学教学相关的背景材料的表面挖掘，而在教学实践上还欠缺实证案例，研究结论多局限于观念层面，实用性和可操作性不强，研究方法上多是对数学内部特征做的考据研究，缺少从哲

① 付苗．坚守与超越：少数民族数学教学对教材文化的态度［J］．数学通报，2010，49（11）：19-21.

学、心理学、教育学、社会学等角度内外结合地、整体地、动态地分析数学产生发展的历史和逻辑。”少数民族数学文化研究也存在着类似现象，如何将其转化为课堂资源加以运用，从而为少数民族地区中小学新课程的实施提供可利用的数学课程资源开发平台，这也是亟待进一步研究的问题。

思考题

1. 谈谈你对数学知识中包含的十分丰富而深刻的文化内涵的认识。

2. 丰富的少数民族数学文化现象，对少数民族地区的数学基础教育有什么启发？

第九章 民族数学文化融入中小学数学课堂

民族数学文化的进一步挖掘，使数学的教与学变得更加丰富多彩。民族数学文化融入中小学课堂，有助于中小学生感受到民族数学文化的魅力。一方面会使数学教学生动，具有吸引力，感受到数学“好玩”，数学就在身边；另一方面也会使学生切身体会到数学的用途。看似简单的情境置换，使边疆民族地区的少数民族学生学习心理发生了变化，“熟悉感、亲切感、亲近感、自豪感、求知欲悄然无声地切入”，一定程度上会取代学习过程中的“陌生感、羞怯感、焦虑感、恐惧感、挫折感、习得无助感”。

因此，为民族中小学生创造一种熟悉和有效的环境，让学生积极参与到学习过程中来，体验到学习数学是一个有意义的、充满活力的过程，使数学学习变得相对容易和深入，促进少数民族学生对数学知识的理解，激发学习兴趣和自信心。这是很值得探索的课题。

本章选取了高校数学教育工作者在跨文化数学教育理论指导下，按照中小学数学情境—问题教学框架，以民族数学文化为背景，结合教学内容来开展民族数学文化融入中小学数学课堂工作所进行的教学设计案例或理论性探讨，期望能开阔眼界，引导一线教师从实际教学需要出发，设计出更有效和可操作的实用教学案例。

第一节 民族数学文化融入中小学数学课堂的理论探索

少数民族学生的数学成绩普遍低，因素是多方面的，其中与少数民族数学教育脱离少数民族的数学文化背景也有一定关系。

2015 年 10 月在昆明举行的第五届中国少数民族数学教育学术研讨会上，香港大学梁贯成教授指出，学习数学文化，不仅是学一点零碎的数学史，听一下数学家的故事，而且是认识、了解和欣赏数学乃至人类不同种族文化的重要部分；学习少数民族数学文化，应包括认识、了解和欣赏各少数民族的数学内容和传统。

国际上民俗数学的一个重要研究结论是日常数学具有密切联系生活实际的优点，但也有着明显的局限性。

如何将民族数学文化转化为课堂资源加以运用，从而增进少数民族地区中小学生对数学学习的理解，这是亟待解决的问题。2010 年 7 月于浙江师范大学举行的“数学教育的社会—文化研究”专题国际学术研讨会上，宋乃庆先生所做的题为“数学史融入数学教育若干问题的思考”的报告中，提出了数学教育要努力实践内容转换——从理论到实践，重视民族数学文化融入课堂的可行性与可操作性，加强民族数学文化融入课堂案例研究，从简单加入至有机融入等理念。

在校本课程（乡土教材等）的开发过程中，数学课程如何呈现民族数学文化？数学课程如何在较低水平的数学文化与具有科学性的数学文化之间取得平衡？①

作为课程形态的数学文化有其独特的定义及特征。其教育价值包括科学方面的教育价值和人文方面的教育价值，其实现应从树立突出文化特征的数学观、数学课程观、数学教学观开始；同时，还要注意两个方面的问题：(1) 要根据实际情况有计划、有步骤、渐进地推行数学的人文方面的教育；(2) 不要全盘否定以往的数学教育的价值。②

在跨文化数学教育理论与中小学“数学情境与提出问题”教学模式的指导下，要解决民族地区数学教育的问题，数学教师首先要弄清少数民族数学文化背景，了解少数民族学生学习数学的基本思维方式，使向来被认为枯燥无味的数学知识，变成集学术性、趣味性、教育性于一体，才能使学生在掌握基础的数学知识的同时，又传承了少数民族的民族文化。

近年来，为保障和促进新课改的数学教材对不同文化背景下各地区、学校和学生的要求，促进教育公平，我国民族地区的许多民族数学教育研究工

① 吕传汉，张洪林．民族文化与数学教育［J］．数学教育学报，1992，1：101-104.

② 郑强，郑庆全．论课程形态的数学文化及其教育价值的实现［J］．数学教育学报，2005，1：23-25.

作者，从本地实际出发，从理论和实践方面精心设计了众多的民族数学文化融入中小学课堂的教学设计和案例。

关于民族数学文化融入中小学数学课堂，需要强调说明的是，当少数民族的数学文化作为教学的一种手段时，并不意味着民族学生的数学认知水平必定得到显著的提升，甚至对有些学生收效甚微。

少数民族数学文化融入现实的一线教学，是一个渐进和长期的过程，想起到立竿见影的成效是不现实的，尤其是不能奢求马上获得较高的分数或成绩。但是，利用民族数学文化并结合所任教的学科教材编写的教学案例，可以为学生创造一种熟悉和有效的学习环境，让学生体验到学习数学是一个有意义的、充满活力的过程，促进少数民族学生对数学知识的理解，激发学生的学习兴趣和自信心。

善于发现、探索民族文化中的数学元素，理解民族数学文化的作用、意义，并制成数学问题—情境案例，将书本上的数学知识、思想和方法植根于学生的日常经验和文化背景之中，恰当地运用在小学一线的数学教学课堂中去，值得边疆民族地区的中小学教师以及未来在边疆民族地区从事中小学数学教育的师范生关注和思考。

第二节　数学情境——问题教学案例探索

案例一①

知识点：

平行四边形。

数学情境：

艾德莱丝绸中的平行问题。

维吾尔族服饰花样较多，非常优美，富有特色。图 9-1 为维吾尔族独创的艾德莱丝绸。丝绸的花纹如彩云飘飞，色泽明丽，浓郁华丽，透出创造者内含灵性的天赋。图 9-2 是图 9-1 中一个图案的放大图，图 9-3 是图 9-2 的几何图形，已知：$AE//CD$，G、I 是 AE、CD 延长线上的点，观察图

---

① 案例一来源：刘超，马倩倩．基于新疆少数民族传统文化的小学数学情景教学素材开发研究［J］．兵团教育学院学报，2015，25（4）：20-26.

9-3 回答问题。

提出问题：

1. 图 9-2 是轴对称图形吗？如果是，请画出对称轴；若不是，请说明理由。

2. 如图 9-3，若菱形 $ABCF$ 的边长为 1cm，证明 $\Delta ABF \cong \Delta CDF$。

3. 连接 HF，证明四边形 $EFHG$ 是平行四边形。

4. 证明 $GE//HF//ID$。

5. 试求图形图 9-3 的面积。

图 9-1　艾德莱丝绸

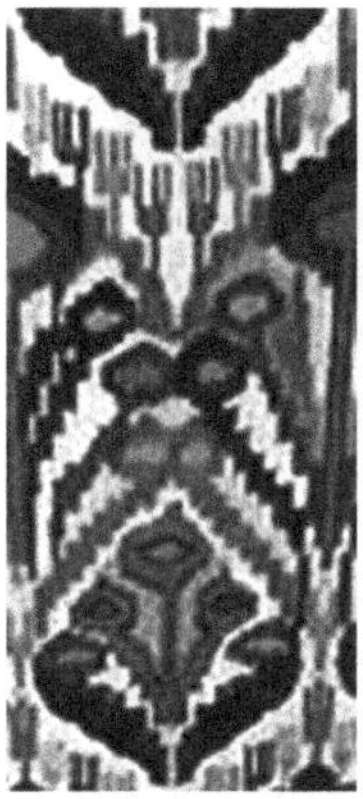
图 9-2　丝绸局部放大

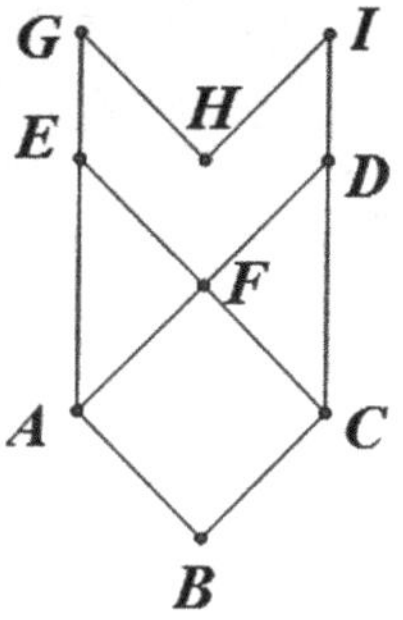

图 9-3　丝绸几何图

解决问题：（略）

教学建议：（略）

案例二①

知识点：

实物三视图。

数学情境：

鼓楼三视图。

侗族的鼓楼以其独特的建筑结构、气势雄伟的英姿和悠久的历史称奇于

① 案例二来源：罗永超，张和平，肖绍菊，肖玲．苗侗数学文化与数学情境教学［M］．北京：民族出版社，2012.

世界。许多的鼓楼研究者和摄影爱好者从不同的角度拍下了不少图片，发布在世界各种刊物和网络上，从而让更多的人从不同侧面去观察、了解和欣赏侗族鼓楼的美和奇。图 9-4 至图 9-6 是贵州省从江县境内 3 座闻名遐迩的鼓楼照片。

图 9-4　增冲鼓楼

图 9-5　小黄鼓楼楼冠

图 9-6　从江生态广场鼓楼

提出问题：

1. 上面几幅图，作者分别从哪几个方向拍摄的？
2. 从不同的位置、不同的角度看鼓楼，有哪些不同？

3. 请用数学中的透视知识画出图 9-4 或图 9-6 中的三视图。

……

解决问题：

问题 1　图 9-4 是正面拍摄的（正面图），图 9-5 是从下往上拍的（仰视图），图 9-6 是从侧面拍摄的（侧面图）。

问题 2　从正面和侧面观看鼓楼，其形状基本上相同，都是宝塔形，从上往下看（俯视），看到的是一组大小不等的正多边形叠加在一起。

问题 3　图 9-7 和图 9-8 分别是八角鼓楼的主视图、侧视图和俯视图。

图 9-7　鼓楼的主视图和侧视图

图 9-8　鼓楼的俯视图

教学建议：

“横看成岭侧成峰，远近高低各不同。”一个物体从不同的位置、不同的角度去观察，所看到的情况是不一样的。本教学案例是在学生学习了三视图相关知识时展开的，一方面可以加深学生对三视图相关知识的理解和掌握，另一方面培养了学生观察、分析、动手和发散思维的能力，通过把自己身边的事物与所学的数学知识联系起来，激发了学习数学的兴趣。同时，渗透了爱祖国、爱家乡、保护和传承民族文化的德育思想教育。

案例三①

知识点：

圆的方程及相关计算。

数学情景：

窗花中的圆。

图9-9是傣族奘房上的窗花，其图案是由一些等圆相交构成的，图9-10是图9-9中的一部分几何图形，圆O与其他四个圆相交于E、F、G、H四点，不妨设圆的半径为R，建立如图9-10所示的直角坐标系，你能联想并提出哪些问题？

图9-9　奘房上的窗花

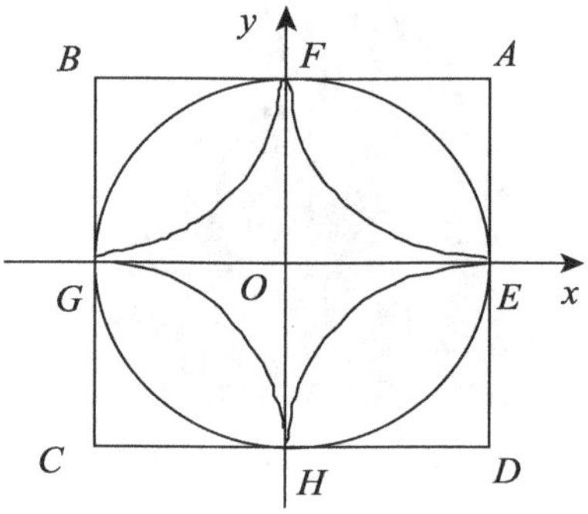

图9-10　窗花局部几何图形

提出问题：

1. 与圆O相交的四个圆的圆心是哪些点？这些点的坐标分别是多少？
2. 圆O的方程是什么？与圆O相交的四个圆的方程分别是什么？
3. 图9-10中星形线$EFGH$的长度是多少？
4. 图9-10中星形线所围成的面积是多少？
5. 图9-10中圆O与四个圆相交部分图形的面积是多少？

解决问题：

问题1　A、B、C、D，坐标分别是(R, R)，$(-R, R)$，$(-R, -R)$，

① 案例三来源：周长军，申玉红，郭彩莲．民族数学文化与数学教育［M］．杭州：浙江大学出版社，2014：92-103.

$(R, -R)$。

问题2　$x^2+y^2=R^2$；与圆O相交的四个圆的方程分别是：

$(x-R)^2+(y-R)^2=R^2$，$(x+R)^2+(y-R)^2=R^2$，$(x+R)^2+(y+R)^2=R^2$，$(x-R)^2+(y+R)^2=R^2$

问题3　星形线 $EFGH$ 的长度正好是一个圆的周长，即 $2\pi R$。

问题4　图9-10中星形线所围成的面积是正方形的面积减去四个四分之一圆的面积，即正方形的面积减去一个圆的面积 $(4-\pi)R^2$。

问题5　圆 O 与四个圆相交部分图形的面积，可以看作圆 O 的面积减去星形线所围面积，即 $\pi R^2-(4-\pi)R^2$，化简得 $(2\pi-4)R^2$。

教学建议：

本案学生可能会提出其他相关问题，教师要因势利导，把课上活。本案例也可以进行推广，可以将一个圆与四个圆相交推广为一个圆与六个圆相交等，进而提出相关问题。

民族建筑中蕴含丰富直观的数学元素，只要认真观察，就可以从学生熟悉的民族文化背景中将抽象的数学问题直观化，使抽象的数学问题更易于学生理解，同时也感受数学在生活中的应用和数学的美。

案例四①

（一）24道拐中的距离问题

知识点：

解三角形——正弦定理应用。

数学情境：

24道拐中的距离问题。

24道拐（图）之雄伟，皆因其依山筑造，工程艰险，山势陡峭，弯道急。向山下俯视，24道弯仿佛游蛇下山，欲饮山脚之清泉；从山下往上仰视，其弯道犹如白龙盘山。

① 案例五来源于彭光明，孙健．山地旅游——布依文化数学教学案例［M］．西安：陕西师范大学出版总社，2017：105-134.

图 9-11　24 道拐

图 9-12　首末拐与拐直观图

根据 24 道拐的地形特点，运用所学知识，估算首拐与末拐两拐的直线距离、高度。

提出问题：

1. “第 24 拐”与“第 1 拐”的直线距离是多少米？

2. “第 24 拐”与“第 1 拐”高度差是多少米？

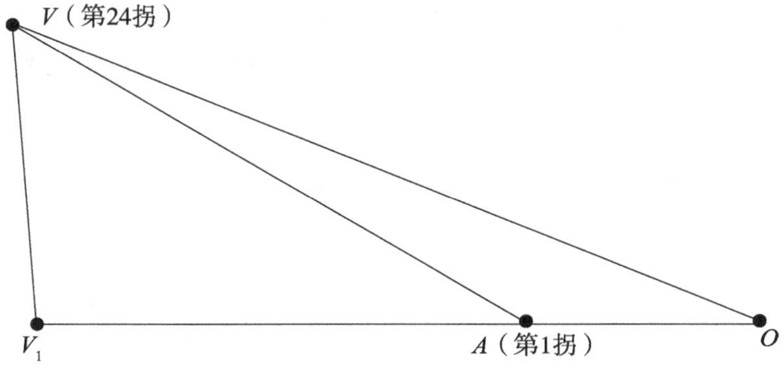

图 9-13 第 24 拐与第 1 拐几何图

解决问题：

如图 9-13 选点。取第 1 拐设为点 A，第 24 拐设为点 V，另取一点 O（第 1 拐的后方），使 A、V、O 三点在同一平面内，V_1 是点 V 在直线 OA 上的射影。在“第 1 拐”点 A 处观测“第 24 拐”点 V 的仰角为 α，在点 O 处又观看点 V 的仰角为 β（$\alpha>\beta$），设 AO 的距离为 a 米。

问题 1　由题意知，$\angle VAV_1=\alpha$，$\angle VOV_1=\beta$ $|AO|=a$，所以 $\angle OVA=\alpha-\beta$，由正弦定理得 $\dfrac{|AV|}{\sin\beta}=\dfrac{|OA|}{\sin(\alpha-\beta)}$，即 $\dfrac{|AV|}{\sin\beta}=\dfrac{a}{\sin(\alpha-\beta)}$

故 $|AV|=\dfrac{a\sin\beta}{\sin(\alpha-\beta)}$

所以“第 24 拐”与“第 1 拐”的直线距离是 $|AV|=\dfrac{a\sin\beta}{\sin(\alpha-\beta)}$。

问题 2　$|VV_1|=|AV|\sin\alpha=\dfrac{a\sin\alpha\sin\beta}{\sin(\alpha-\beta)}$，即“第 24 拐”与“第 1 拐”高度是 $h=\dfrac{a\sin\alpha\sin\beta}{\sin(\alpha-\beta)}$。

教学建议：

以“24 道拐”创设情境，让学生探究第 1 拐到第 24 拐之间的直线距离和高度，关注培养学生将实际问题抽象成数学问题的能力，并在解决问题的过程中，培养学生的数学运算能力。

启发学生思考，该问题还涉及哪些数学概念？坡度问题，还可以用哪些数学方法解决？其他拐与拐之间的距离又如何求？

引导学生正确表述正弦定理，正确运用数学语言描述数学问题。如何使用正弦定理？它的解有何要求？

（二）“双乳峰”中的立体几何问题

图 9-14　“双乳峰”

知识点：

立体几何——圆锥。

数学情境：

“双乳峰”中的立体几何问题。

天下奇观“双乳峰”（图 9-14）位于贵州省贞丰县境内，处于贞丰—贵阳的公路干线上。两座兀立的石峰形同“双乳”，被当地布依族称为“圣母峰”，被世人誉为“天下第一奇峰”。

“双乳峰”中的一个波峰可以近似看成一个圆锥（图 9-16），已知其高度约为 260 米，坡度约为 45°，请解决下列问题。

图 9-15　"双乳峰"

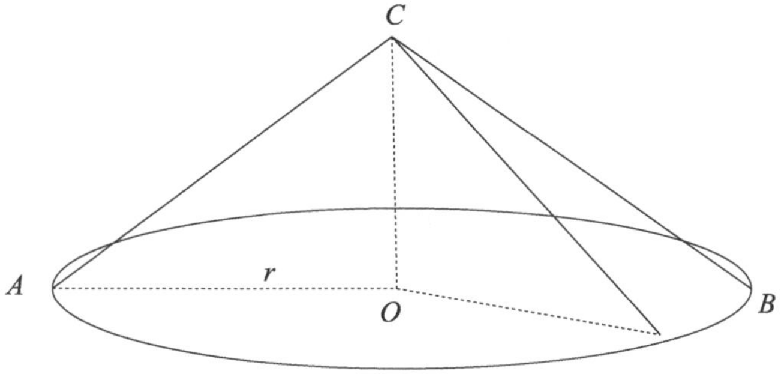

图 9-16　几何图

提出问题：

1. "双乳峰"其中一个波峰占地面积是多少？
2. "双乳峰"一个波峰的体积是多少？
3. "双乳峰"一个波峰的表面积是多少？

解决问题：

问题 1　题中"双乳峰"可以抽象为如图 9-16 所示。根据题意可知，圆锥底面圆半径 $r=260$ 米。

$$S=\pi r^2$$

"双乳峰"的一个波峰占地面积为 67600π 平方米。

问题 2　由题意可知：

$$V=\frac{1}{3}\cdot S\cdot h$$
$$=\frac{1}{3}\cdot 676000\pi\cdot 260$$
$$=\frac{17576000}{3}\pi$$

“双乳峰”一个波峰的体积是 $\frac{17576000}{3}\pi$ 立方米。

问题 3　由问题 1 可知，圆锥侧面展开得到的扇形弧长为：

$$l=2\pi r=520\pi$$

又因为扇形的半径 $R=260\sqrt{2}$，所以，圆锥表面积为：

$$S_{扇}=\frac{1}{2}lR$$
$$=\frac{1}{2}\cdot 2\pi r\cdot R$$
$$=260\pi\times 260\sqrt{2}$$
$$=67600\sqrt{2}\pi$$

“双乳峰”一个波峰的表面积为 $67600\sqrt{2}\pi$ 平方米。

教学建议：

通过探究圆锥体的体积、表面积等数量，在估计“双乳峰”的体积、表面积等过程中，注重培养学生的空间想象能力，巩固立体几何知识及概念。

告诉学生“双乳峰”的高度及坡度，将其抽象为圆锥体后，进一步引导学生思考。是否能求出底面圆的半径、圆锥的棱长？用到哪些知识？如何运用底面圆的半径、圆锥的棱长解决后面的问题？

引导学生从了解问题—拟订计划—实行计划—回顾四个方面深入解读问题含义，通过学生表达，了解学生是否能够理解题意，明确问题意图和解题方向。

第三节　民族数学文化运用于中小学数学课堂

近年来，我国相关专家学者和民族地区的数学教育工作者，就如何将少数民族数学文化融入中小学课堂，积极开展有效的理论与实践探索。比如，有的研究者指出，边远民族地区农村课程开发，应当充分重视文化适切性和本土内源性，并与现代知识有机整合。①

少数民族数学教育工作者在少数民族数学文化应用于学校教育方面，目前虽然取得了一定的进展，但大都是个体的、局部的、间断的，其影响力和实效性有限。

充分认识数学文化的民族性、地域性，多侧面地开展数学文化研究，挖掘原生态民族数学文化之后，继而面临的是设计适当的教学内容，将日常活动与数学知识容纳其中，使课程教学内容的特点指向学生熟悉的文化活动，同时又要有现行教材具体的数学知识和技能要求，努力让数学、民族文化、教学法有机地结合在一起，不断提升民族地区的数学教育教学质量。

民族地区开展少数民族数学文化融入中小学课堂工作，在具体运用过程中需要把握如下原则。

一、相关性原则

要把中小学数学课堂作为展示少数民族数学文化的一个平台，所选择的少数民族数学文化素材要与相应的中小学数学教材内容、学生的生活经验及其他学科有紧密的联系，使学生能自然地参与其中，在数学活动中感知理解相关数学文化教育内容。

二、典型性原则

选取的少数民族数学文化素材，一方面要有很好的示范作用。素材必须能够让民族学生在领略民族文化精髓，强化民族自豪感、自信心及归属意识，满足民族心理和社会需求的同时，学会尊重所有的人类文化，将来更好地适应多元文化的环境；另一方面，素材还要起到学数学，强思维的作用，有科学性、创造性，能够展示重要的数学思想方法，使民族学生从中受到科学精神的熏陶和思想方法的启迪。

---

① 常永才，秦楚虞．兼顾教育质量与文化适切性的边远民族地区课程开发机制［J］．当代教育与文化，2011，3（1）．

三、现实性原则

所选素材要尽可能地来源于学生身边的真实生活环境，使学生真切地感受到数学就在身边，与自己的生活密切相关，初步感知“数学生活化、生活数学化”的关系，使生活在欠发达的乡村村落的民族学生，看到的不再是感到非常遥远陌生的场景，而是身边十分熟悉的情境，面对教师提出的数学问题，不再因怕出错而担心、焦虑、畏惧、不敢主动表达，而是自信心十足地参与到教学活动中去。

四、可接受性原则

学生年龄特点和相应时期学生的不同认知水平是存在差异的。学生日常生活中所接触的各种事物和参与的往往是他们进行数学化活动的资料。不同民族、不同地域为学生提供了不同的文化环境、日常生活经验，从而每个学生都有自己独特的“数学现实”，他们对数学的感知、认知和理解的视角、能力等就存在着不同。因此在民族数学文化素材的呈现、表述方面，不宜过分地引入专业术语，而宜采取通俗易懂、深入浅出的方式。

五、趣味性原则

素材在突出与数学教学相关性的同时，要彰显一定的“人性化”色彩，要充分利用多媒体技术生动直观、声情、图文并茂的优势，从不同视角展示和揭示数学符号、公式、图形、解题等的简洁美、对称美、奇异美、统一美，充分发挥数学的美育功能，引导学生利用已有数学知识、数学思想方法去分析日常生活中有关的数学现象，体会数学的广泛应用性。

六、艺术性原则

正确看待和处理教材提供的数学问题情境不仅是教学技能问题，而且也是一个教学艺术问题。提倡所选数学教学素材要尽可能来源于少数民族学生身边的真实生活环境，并非说教材中提供的情境案例不好，这些情境也是教材设计者精心设计并为教学内容服务的。或取代，或兼顾，开阔学生视野，关键还需要教师从具体实际出发，灵活和艺术地处理好教材提供的数学问题背景，融入本地民族数学文化背景。

思考题

1. 如何认识丰富多彩的少数民族数学文化？
2. 少数民族数学文化融入中小学数学课堂宜遵循的原则有哪些？

第十章　民族数学文化融入小学数学课堂实用教学案例

本章选取的教学案例，是在贵州师范大学吕传汉教授跨文化数学教育理论的指导下，德宏傣族景颇族自治州的数学教育工作者，尤其是德宏小学一线教师，以“创设问题情境—提出数学问题—解决数学问题—应用数学知识”为基本主线，尝试结合现实的教学，将民族数学文化融入现实课堂实践，有取得良好效果的“原汁原味”的部分教学设计，也有在校大学生在学习了民族数学文化课程后，参阅一线教师的教学案例，以小组为单位设计的民族数学文化融入小学课堂的案例。这里选取的都是云南德宏当地少数民族学生非常熟悉的生活素材，并且教学案例内容丰富，知识点涉及面广，包括探究数的规律、轴对称等。

案例或为中小学数学教学过程中的片段，或为完整的一堂课的教学，风格各异，各有特点，诚然也有这样或那样的不足，但从因材施教来看，能取得教学实效是第一位的，关键是学会以数学的眼光观察和思考，如善于发现和利用民族文化中的数学元素，结合中小学具体的数学内容，开展民族数学文化融入课堂。编者期望通过本章内容学习，能起到触类旁通、举一反三的启迪作用。相信随着数学教育工作者及一线教师不断的研究和探索，民族数学文化融入数学课堂并取得良好的教学效果的工作也将日臻完善。

案例一　人教版小学数学一年级下册第八单元找规律（第 2 课时）教案

教学内容：

人教版义务教育教科书第 86 页。

教学目标：

观察、实验、猜测、推理等活动发现数字简单的排列规律。

初步的观察、推理能力。

发现和欣赏数学美的意识。

教学重点：

通过探索自己发现规律。

教学难点：

会用“规律”解决一些实际问题。

教学准备：

多媒体课件、小棒、正方形卡片。

教学过程：

一、创设情境，导入新课

同学们，我们陇川被誉为“目瑙纵歌之乡”，每年农历正月十五是景颇族的节日，这天景颇人穿上了漂亮的景颇族服饰，现在就让我们一起来欣赏(课件演示)。

图 10-1　傣族织锦

图 10-2　景颇族织锦

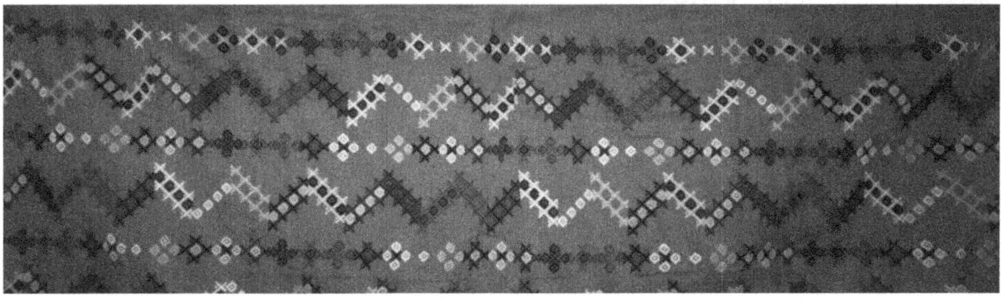

图 10-3　织锦

【评析】先出示情景图（图 10-1 至图 10-3），吸引学生的注意，然后引导学生找出其中的规律，巩固旧知识。

同学们在这条裙子上找到了规律。看来，生活中的规律无处不在，就连景颇族服装上都能找到规律。我们今天就学习“找规律”（板书课题）。

二、自主学习，合作探究

规律有很多种，同学们仔细观察我们刚才找到的规律，你发现它们有什么相同的地方？

同学们真聪明，它们的第 1 排和第 3 排的图案是一样的，第 2 排和第 4 排的图案是一样的，依此类推。

教师要考考大家。你们看（课件出示图 10-4），你能找出这些图形的放置规律吗？

(1)

图 10-4　找规律：四边形与三角形排列

拿出自己的学具放一放，把你找到的规律与同桌的同学互相说一说。

谁来告诉大家这些图形的规律是什么？

(课件出示数字）那么，后面应怎么摆放呢？

(出示图形与数字）再往后你会放置吗？应摆几个？为什么？

同学们，刚才找到的规律与我们在小华房间里找到的规律一样吗？有什么不同的地方？(电脑同时出示房间中的规律和图 10-4)

我们找到了这组图形的摆放规律。那么，这两组图形的规律大家能找出来吗？(出示例 6 的图 10-5 和图 10-6)

(2)
(3)
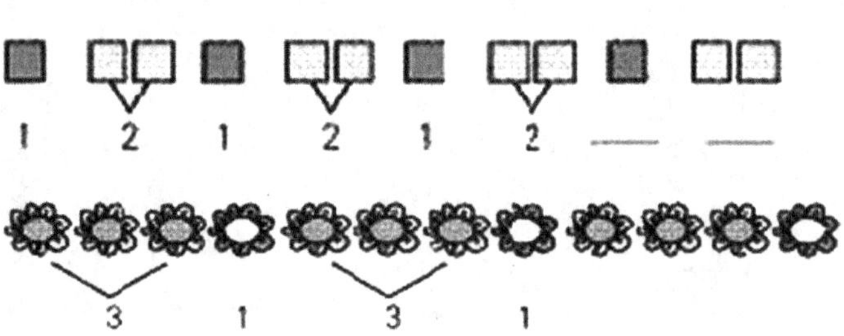

图 10-5　找规律：花朵排列

4 人小组共同用学具摆一摆，比比哪一小组最先找到规律。

哪一小组愿意将你们发现的规律告诉大家？（学生上台讲解，教师配合出示相应的数字与图形）

【评析】在学生明白原来学习规律的特点后，出示新内容，引导学生通过摆一摆、说一说等活动发现新规律，并找出不同点。然后放手让学生在此基础上探究，进一步了解这些规律的共同点。最后设计活动，仿照性地创造规律，巩固新知识。

学生说出自己创造的规律，教师板书，并与学生共同参与，一起找规律。

三、交流汇报，精讲点拨

完成书上第 90 页“做一做”。

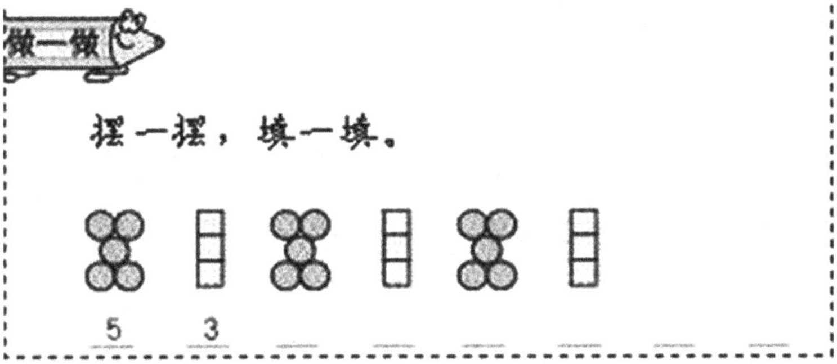

图 10-6　找规律 A

要求学生说出规律和找规律的方法。

【评析】在完成基本练习的同时，进一步拓展学生的思维。

四、深化提高，精练巩固

这节课不仅发现了图形的变化规律，同时也发现了相应数字的变化规律，同学们都非常聪明！好，下面来测试一下今天谁的眼睛最亮，发现得最快。

五、总结提升，拓展知识

出示第 89 页第 3 题。

想一想，下一个图形是什么？你是怎样想的？

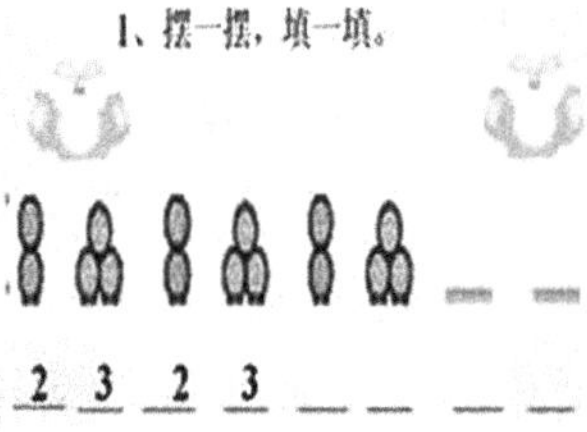

图 10-7　找规律 B

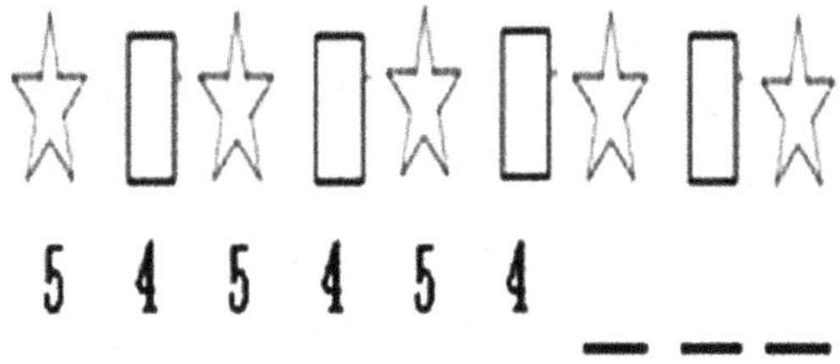

图 10-8　找规律 C

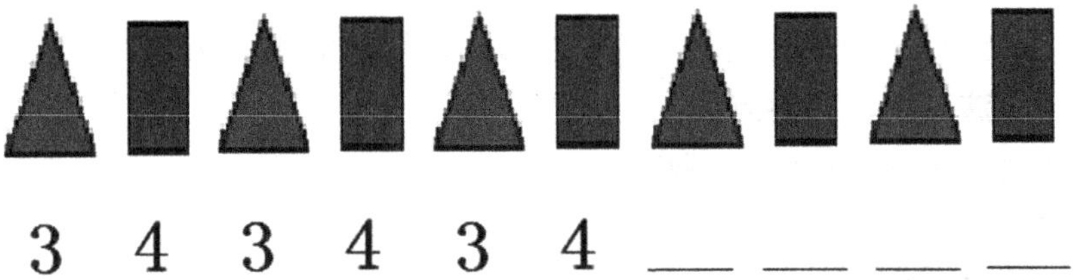

图 10-9　找规律 D

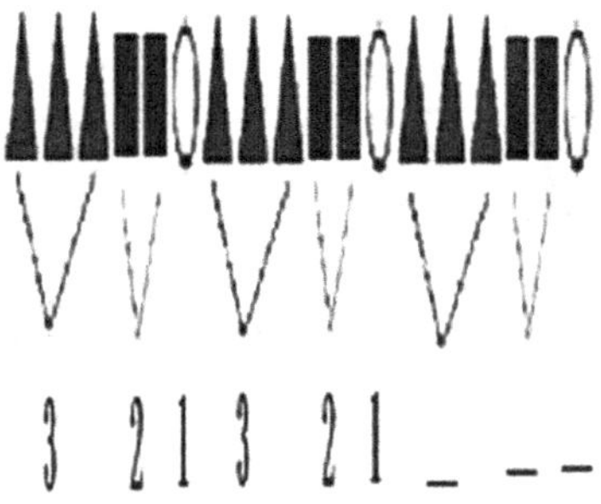

图 10-10　找规律 E

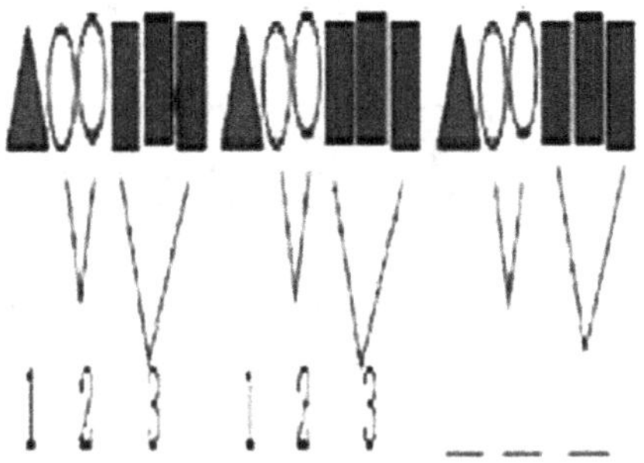

图 10-11　找规律 F

【评析】本节课是找规律的第二课时，着重讲授数字间的变化规律。这一课时教学的规律，不再是一组图形重复出现的规律，而是在图形的基础上增加了数字重复出现的规律。在教学时，首先出示情景图，在学生找规律巩固旧知识的同时，吸引学生，提高学习兴趣。其次转入新知识的探究过程，这是个循序渐进的过程。先引导学生找出以前图形规律的特点，然后将数字与图形的规律同时展现，学生容易接受。

（执教：德宏傣族景颇族自治州陇川县第二小学王爱芳；评析：陇川县教育科学研究中心穆勒滚）

案例二　傈僳族文化融入小学数学课堂的教学实践

教学内容：

二年级上册第四单元“5的乘法口诀”。

教学目标：

1. 知识与技能

知道5的乘法口诀的来源，学会口诀，运用口诀熟练计算。

2. 过程与方法

通过摆一摆，说一说等学习活动，经历编制5的乘法口诀的过程，了解5的乘法口诀的来源。

3. 情感态度与价值观

学习活动中，养成推理能力和敏捷的思维及良好的学习习惯。

教学重点和难点：

重点：知道5的乘法口诀，并能比较熟练地用口诀求积。

难点：根据图意独立写出乘法算式。

教具、学具准备：傈僳族挎包、彩色绒球。

教学过程：

一、创设数学问题情境

教师：德宏傣族景颇族自治州是一个多民族的州，在咱们班里就有许多少数民族，请你说一说你是哪种少数民族？并简单介绍一下本民族的风俗。今天教师就带领大家去感受一下傈僳族的刀桥节（课件演示图）。

图10-12　刀桥节现场

图10-13　傈僳族

图 10-14 傈僳族男子上刀山

二、学习探究

（一）教学例题

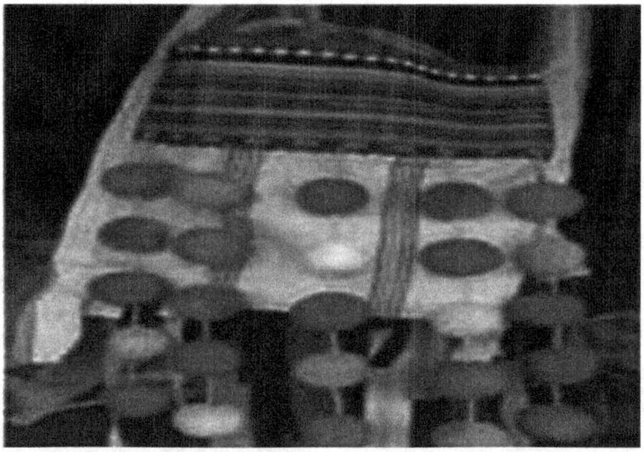

图 10-15 傈僳族挎包（教师出示实物）

教师：仔细观察挎包，你能从中找到哪些数学信息？

学生：一共有 5 串彩色绒球。

学生：一串彩色绒球里有 5 个小绒球。

教师：想一想，你可以提出什么样的数学问题？

学生：一共有多少个小绒球？

小组合作探究，然后汇报交流结果。

学生 1：我是 5 个 5 个数的，一共有 25 个小绒球。

学生 2：我是用连加法算的，5+5+5+5+5+5=25（个）。

学生 3：我是用乘法口诀算的，5×5=25（个）（五五二十五）。

教师：太棒了！今天我们就来研究 5 的乘法口诀。

出示表 10-1，学生小组合作完成。

表 10-1　计算表

绒球串数（串）	1	2	3	4	5
绒球个数（个）					
加法算式					
乘法算式					
乘法口诀					

（二）活动要求

1. 排一排：用 5 个小绒球排列出 1 串彩色绒球。

2. 数一数：你用了多少个绒球？你是怎样数的？把得数填在表格中。

3. 说一说：算式的意思。

4. 编一编：引导学生观察以上算式，独立尝试编写出 5 的乘法口诀。再通过交流，明白口诀表示的意思。

学生活动，教师巡视，帮助有困难的学生。

说明：通过小组合作编出口诀，再和小组里的同学交流，形成共识，使每个学生都能有效地参与探索 5 的乘法口诀编制的全过程。以小组为单位介绍编出口诀的过程，同时让其他学生提问，不但可以帮助学生理解每句口诀，而且有利于培养学生思维的深刻性。

三、交流汇报，教师指导

（一）小组交流

要求：让学生把编成口诀的过程和小组里的同学一起交流，并把自己组编出的口诀交给组长，由组长把写好的口诀贴到黑板上。

（二）全班交流

谈话：请每个小组派一个代表上来说一说本小组是怎样编出口诀的。本组的同学可以补充，其他组的同学可以向本组的同学提问题。

学生介绍自己小组编口诀的过程。

引导其他组的同学提问：每一句口诀是什么意思？每一句口诀可以计算哪些乘法算式。

教师：请你认真地观察这些算式和对应的口诀，你发现5的乘法口诀有什么规律和特点？和你的同桌说说看。

这些口诀不但要牢牢地记住还要会背诵，会吗？闭上眼睛背一遍。你觉得哪一句最好记？哪一句最难记？如果教师忘记了“四五二十”这一句，怎么办？

（三）记忆口诀

教师：请同学们自由地读一读5的乘法口诀，看谁最先记住这些口诀。

反馈：记住5的乘法口诀了吗？你是怎样记的？发现什么规律了吗？（学生中可能出现：由其中一句口诀推出与它相邻的两句口诀；5乘什么样的数，乘的结果的个位上不是5就是0；用手指帮助记忆，1个5、2个5……）

说明：学生把已经积累起来的知识、经验和方法自觉地运用到记忆口诀的活动中来，既有效地记忆了口诀，又加深了对5的乘法口诀的理解。

四、强化学习内容

看到同学们学得这么认真，陈教师真高兴。下面我们一起来做闯关游戏，好吗？

第一关：口诀接力（首先在仅一个小组内进行口诀接力，然后在不同小组的学生间进行口诀接力）。

第二关：对口令（出示课件，跟教师对口令）。

第三关：奔跑长廊。

五、教学总结

教师：这节课你们学会了什么？你有什么收获？

问题：在我们的生活中，有哪些地方可以用到5的乘法口诀？

（执教：陇川县第二小学陈丽娟）

案例三　轴对称再认识

教学内容：

人民教育出版社，数学课本五年级上册第二单元第一、第二课时。

教学目标：

1. 知识与技能

进一步认识图形的轴对称，探索形成轴对称的本质特征。

了解轴对称图形和两个图形成轴对称的概念，知道轴对称图形和两个图形成轴对称的区别与联系。

初步学会运用对称的方法在方格纸上设计图案。

2. 过程与方法

探索成轴对称的两个图形的性质和轴对称图形的性质。体会由具体到抽象认识问题的过程。感悟类比方法在研究数学问题中的作用。在丰富的现实情境中，经历观察生活中的轴对称现象，探索轴对称现象共同特征等活动，进一步发展空间观念。

3. 情感态度与价值观

欣赏现实生活中的轴对称图形，体会轴对称在现实生活中的广泛运用和他的丰富文化价值。在欣赏图形变换所创造出的美过程中，感受对称的美，体会数学的价值和民族数学文化的价值。

教学重点：

理解轴对称图形的概念和性质

教学难点：

比较观察轴对称图形与两个图形关于某直线对称的区别和联系；能识别轴对称图形并找出它的对称轴；会利用所学知识画出轴对称图形。

教学方法：

通过观察、作图、类比，让学生动手实践，体验轴对称图形的美和发现轴对称图形的特点。结合教学内容，把民族文化（如剪纸、窗花、房屋、服饰、头饰等轴对称现象）融入课堂，把数学生活化，生活数学化，让学生体验生活中处处有数学。

教学过程：

一、创设问题情境

对称现象无处不在，从自然景观到艺术作品，从建筑物到交通标志，甚至日常生活用品，都可以找到对称的例子，对称带来美的感受。特别是民族数学文化中的一些轴对称图形，更具有别具一格的美。

下面来欣赏一下，傣族风格的建筑、景颇族的目瑙示栋、服饰，在欣赏的同时观察一下这些图片有什么特点（图 10-16 至图 10-18）。看完之后相互讨论一下。

图 10-16 傣族建筑勐卯金鸭寺

图 10-17 景颇族目瑙示栋

图 10-18 傣族花园

二、自主探索，引入新知

问题 1：

如图 10-19 所示，把一张纸对折，剪出一个图案（折痕处，不要完全剪断），再打开这张纸就得到了美丽的窗花。观察窗花，你能发现它们有什么共同的特点吗？

结论：如果一个平面图形沿一条直线折叠，直线两旁的部分能够互相重合，这个图形就叫作轴对称图形，这条直线就是它的对称轴。这时，也说这个图形关于这条直线成轴对称。

教师：你能举出一些轴对称图形的例子吗？

图 10-19　剪纸 A

图 10-20　剪纸 B

图 10-21　剪纸 C

教师：以上这些图形都是生活中具有民族特色的轴对称图形。

问题 2：

教师：同学们这些图形都是在一个平面内的轴对称图形，你们还知道其他不同的对称图形吗？

学生：不知道。

教师：让我们看下面几个图形。

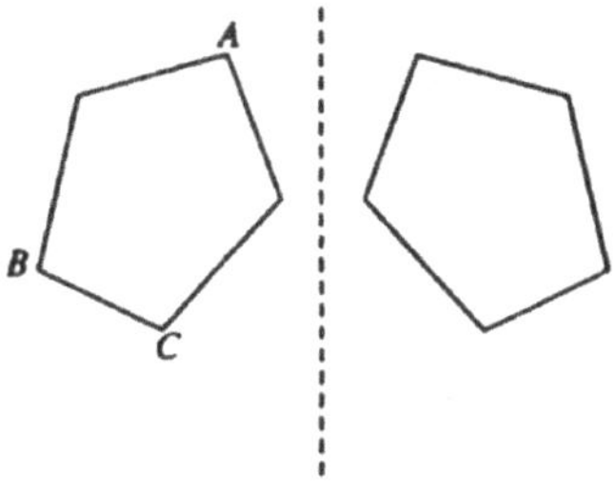

图 10-22

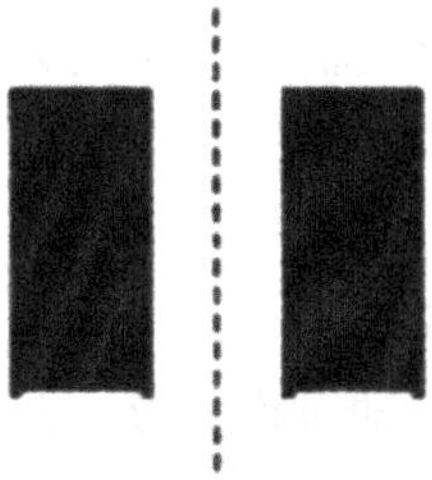

图 10-23

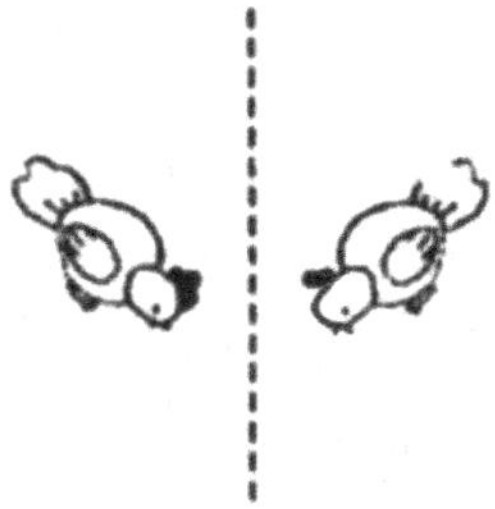

图 10-24

教师：观察上面三组图形（图 10-22 至图 10-24），你能类比前面的内容概括出它们的共同特征吗？

学生：第一组是一个图形的轴对称图形；第二组有两个图形，它们相互对称，第三组……

教师：同学们观察得都很仔细，真棒！

教师：那就让我们一起总结一下吧。看看它们有什么共同特征吧。

共同特征：每一个图形沿着虚线折叠。图形左边部分都能与右边的部分重合。

如果一个图形沿着一条直线对折后两部分完全重合，那么这样的图形就叫作轴对称图形。也说这个图形关于这条直线对称。

教师：你能再举出一些两个图形成轴对称的例子和一些轴对称图形吗？

（学生举例）

图 10-25 装饰

图 10-26 叶片

图 10-27 傣族建筑

教师：看来大家都理解今天所学的内容了。让我们结合以上的图形（图 10-25 至图 10-27）说明轴对称图形和两个图形成轴对称有什么区别与联系。

两者的联系：把成轴对称的两个图形看成一个整体，它就是一个轴对称图形。把一个轴对称图形沿对称轴分成两个图形，这两个图形关于这条轴对称。

两者的区别：轴对称图形指的是一个图形沿对称轴折叠后这个图形的两部分能完全重合；两个图形成轴对称指的是两个图形之间的位置关系，这两个图形沿对称轴折叠后能够重合。

教师：今天的新知识就此学完了，下面让教师考考大家今天收获如何。

三、大展身手，巩固练习

1. 观察判断以下哪些是轴对称图形，并找出它们的对称轴

数字：0、1、3、8、9；

字母：A、D、E、F、O、T、K、Y、Z；

汉字：士、中、备、干、品；

2. 画出以下图形的对称轴（图 10-28 至图 10-29）

图 10-28 叶子

图 10-29 五角星

图 10-30　矩形

3. 填空题

把两个图形沿着某一条直线折叠，若对折的两部分完全重合，则称这两个图形关于这条直线成__________，这条直线称为__________。

4. 解答题

图 10-31 中哪些图是轴对称图形，如果是，请说出它有几条对称轴。

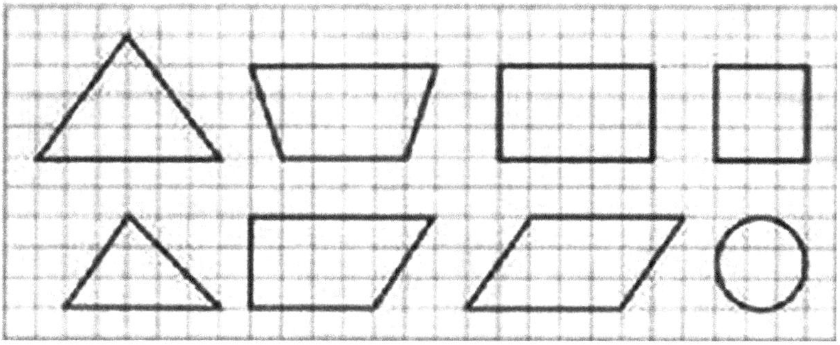

图 10-31　几何图形

四、课堂总结

今天我们学习了轴对称图形的相关知识。学会了如何辨别它是否是轴对称图形，还是图形的轴对称。正确找到它的对称轴，并能画出它的对称轴。其中的一些轴对称图形来自平常的现实生活中。比如，一些具有民族特色的服饰、头饰、建筑、手工艺品、窗花、剪纸。在生活中也随处可见轴对称图形，只要我们留心观察，就会发现生活中到处有数学，数学就在我们的身边。

五、民族数学文化之美

欣赏轴对称图形（图 10-32 至图 10-35）。

图 10-32　傣式风格建筑

图 10-33　景颇族风格山寨门

图 10-34　傣族剪纸

图 10-35　园艺地砖

六、布置作业

完成课本上的课后习题。

（教学设计：德宏师范高等专科学校 2015 级初等教育理科一班学生李金枝、毛俊莹、饶从婷、田丽丽、何瑶、陈容、姜友仙、余柳、张新、舒倩；指导教师：周长军）

案例四　“加法运算定律的应用”教学设计

教学内容：

本节课内容是在前面学习了加法交换律及加法结合律的基础上进行教学的。

教学目标：

通过自主探索、合作交流，能运用加法运算定律熟练进行简便计算。培养根据实际情况灵活选择算法进行计算的意识与能力，提高观察比较能力和思维的灵活性；通过课堂活动，激发学习兴趣，感受数学与现实生活的联系，学会用所学知识解决简单的实际问题。

教学重点：

理解运算定律，并能进行简便计算。

教学难点：

运用加法运算定律灵活解决实际问题。

教学准备：

多媒体课件、学案。

教学过程：

一、创设情境，提出问题

106 人

图 10-36　潘乐代表队

137 人

图 10-37　户早代表队

113 人

图 10-38　腊撒代表队

94 人

图 10-39　朗光代表队

教师：阿昌族一年一度的阿露窝罗节又到了，各村寨都选派代表队来参加庆祝活动。从这些主题图中你观察到了哪些数学信息？（图 10-36 至图 10-39）

学生：我观察到参加阿露窝罗节的潘乐村代表队有 106 人，户早村代表队有 137 人，腊撒村代表队有 113 人，朗光村代表队有 94 人。

教师：想一想，可以提出什么数学问题吗？

学生：4 个代表队一共来了多少人参加活动？

教师：能列出算式吗？

学生：106+137+113+94=

教师：观察这一算式，想一想，能不能利用所学的知识来解答？我们用小组合作的形式来解答。

【评析】：教材中的学习素材运用了李叔叔后四天的行程计划路程数据作为情境，为了使教学情境更适合阿昌族小学生，替换成阿露窝罗节各村寨选派代表队来参加庆祝活动的人数为教学情境，在学生熟悉的场景中引导学生观察数学信息，提出数学问题。

二、小组合作，展示汇报

教师：你是怎样计算这道题的？运用了加法的什么运算定律。

学生开展小组合作，教师巡视检查，小组活动完成后组织汇报活动。

预设一：106+137+113+94

=243+113+94

=356+94

=450（人）

预设二：106+137+113+94

=106+94+137+113

=（106+94）+（137+113）

=200+250

=450（人）

教师：比较两种不同的解法，你喜欢哪种？说明理由。

【评析】本环节中，通过让学生自己尝试列式，在小组合作中交流各自的算法，预设了学生可能出现的不同算法，呈现多样化的计算策略，旨在关注学生算法的灵活选择，培养思维的灵活性。

三、精讲点拨，答疑解惑

教师根据学生的汇报精讲点拨。

教师：在应用加法运算定律时，通过改变运算顺序将能凑成整十、整百等的数结合在一起，会使计算更简便。

【评析】在精讲环节，教师根据学生的汇报展示情况，对算法多样化进行优化，渗透了优化思想。

四、巩固训练，评价检查

图 10-40　阿昌族过手米线

图 10-41　阿昌族小学生

1. 做一桌 12 人吃的过手米线需要猪肉 175 元、米线 48 元、配菜及佐料 25 元。请你算一算做这样一桌过手米线需要多少钱？

2. 一套阿昌族服装上面需要配一些银饰。其中一对手镯需要银子 175 克，银项圈需要银子 264 克，银链子需要银子 125 克，纽扣需要银子 36 克。请你算一算一套阿昌族服装需要银子多少克？

【评析】在练习内容的设计上采用了学生熟悉的过手米线、服装银饰，使学生产生探究的兴趣，促使学生积极参与操作活动，主动探索数学知识。

五、回顾重点，课堂小结

请谈一谈本节课中你的收获？

六、适量作业，拓展延伸

完成课本第 20 页“做一做”的第 1、2 题。

（执教：户撒乡中心小学穆文忠）

案例五　除法两步计算解决问题

教学内容：

“除法两步计算解决问题”，人教版三年级数学下册教科书第 53 页。

教学目标：

1. 知识与技能

让学生在现实情境中理解除法两步计算解决问题的意义和作用。学会用除法两步计算解决问题。

2. 过程与方法目标

通过自主探索、合作交流的学习情境，让学生经历解决问题的过程，获得用两步连续除计算解决问题的活动经验，体验解决问题策略的多样化。

3. 情感、态度与价值观目标

通过解决景颇族服饰中的数学问题，培养学生的数学思维及表达能力，了解景颇族相关文化，感受数学在日常生活中的应用。

教学过程：

一、创设问题情境

教师：我国有 56 个民族，每个民族都有自己特有的习俗、节日、服饰、建筑等，今天我们的学习内容也和本地少数民族文化有关，请看大屏幕（播放景颇族目瑙纵歌音乐及视频，图 10-42）。

图 10-42　景颇族目瑙纵歌舞会现场

教师：听着欢快的节奏，看到这个场景知道这是哪个民族的节日吗？

学生：景颇族的目瑙纵歌节。

教师：目瑙纵歌节是景颇族同胞最盛大的节日，每年的正月十五，景颇人都会聚集在一起，欢度目瑙纵歌节。被称为“万人之舞”。每到目瑙纵歌节的时候，景颇族女孩都会穿上节日的盛装去参加目瑙纵歌节。今年，小木果也要去参加目瑙纵歌节（出示图片，图 10-43），她和奶奶在装饰节日服饰的时候，发现了挎包上隐藏着数学信息，我们一起来看一下她的挎包是什么样的（课件出示景颇族女孩的挎包图片，图 10-44）。

图 10-43　景颇族女孩

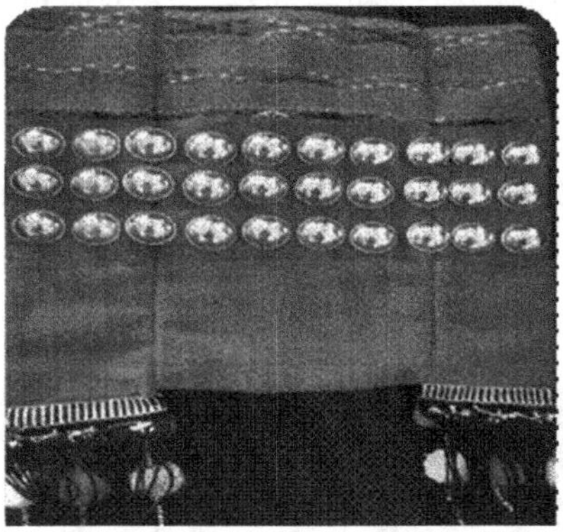

图 10-44　挎包

教师：从小木果的挎包里你发现了哪些数学信息？可以提出什么数学问题？

学生：挎包上的银泡有 3 行，每排有 10 个，3 排共有多少个银泡？

教师：你能解答这个问题吗？

学生：要计算挎包上共有多少个银泡，其实就是求 3 个 10 是多少，列式为 $10\times3=30$（个）。

教师：刚才这个同学提了用乘法解决的问题，还可以提不同的问题吗？

学生：一个挎包上有 30 个银泡，共有 3 行，每行有多少个？

教师：怎样解答？

学生：$30\div3=10$（个）。

教师：还可以提出什么问题？

学生：一个包上总共有 30 个银泡，并且每行有 10 个，包上有多少行银泡？

教师：怎么解答呢？

学生：30÷10=3（行）。

教师：这道题为什么用除法计算？

学生：因为都是求把一个数平均分成几份，求一份是多少。

设计意图：

数学来源于生活，用于生活，该环节结合学生熟悉的目瑙纵歌的场面导入，设置了低起点、高参与的问题情境：挎包上数学的信息，不仅激发了学生参与的积极性和主动性，学生通过发现信息，提出问题，解决问题，复习了一步除法解决问题的内容，为后续学习做了铺垫。

二、合作探究

教师：刚才，同学们根据挎包上的数学信息提出了3个数学问题，小木果的奶奶还要装饰景颇族的挎包，从教师给出的图片中你发现了哪些数学信息？（出示图片，图10-45、图10-46）

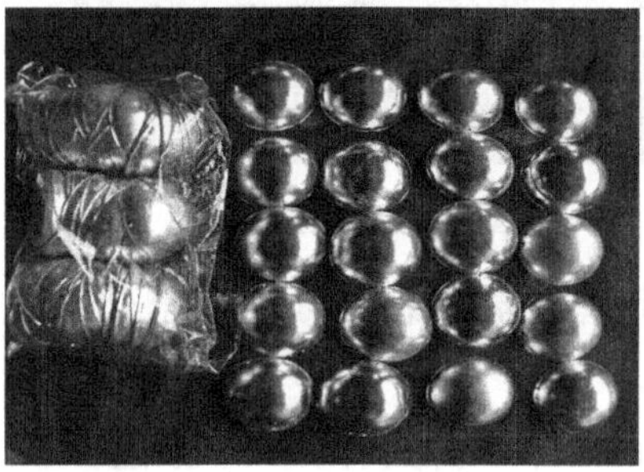

图10-45　银泡

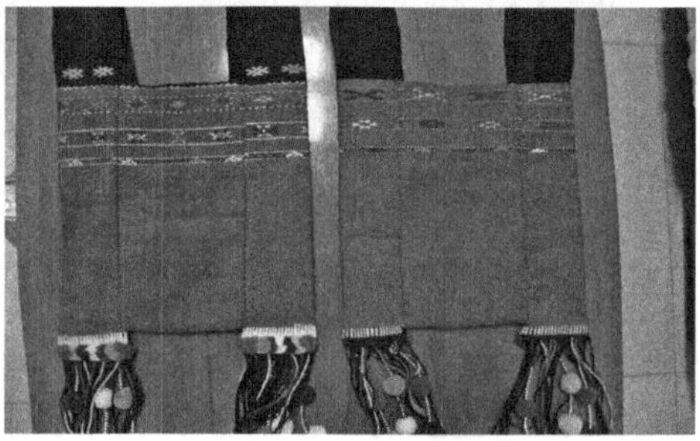

图10-46　景颇族的挎包

学生：小木果的奶奶共有60个银泡，两个挎包。

教师：奶奶想把这些银泡平均装饰在两个挎包上，你可以提出什么数学问题？

学生：把60个银泡，平均装饰在两个挎包上，每个挎包编织多少个银泡？

教师：如果把这两个挎包也编织成和小木果的一模一样，那么每个挎包要编织几行呢？

学生：3行。

教师：根据这些数学信息你可以提出一个完整的数学问题吗？

学生：把60个银泡，平均编织在两个挎包上，每个挎包平均装饰3行，每行有多少个银泡？

【评析】这一环节的教学是上一个情境的延续，以景颇族实际生活中的服饰为素材，图文结合，使学生产生了亲切感，把问题的提出留给学生，引导学生发现景颇族挎包上的数学信息。根据信息与信息之间的关系提出相应的数学问题，培养了学生整理信息和发现、提出问题的能力。

教师：你能按照解决问题的一般步骤来解答刚才这个问题吗？想一想，能用多少种方法解答？请同学们独立尝试完成（教师巡视，关注每一个学生的学习状态，把握学习情况）。

教师：同学们独立完成了问题的解答，下面同桌之间互相交流个人解决问题的方法。

教师：下面进行小组合作交流，把组内的方法写在小黑板上，做好汇报准备。

学生小组合作交流完成，教师巡视指导。

【评析】本环节采用学生个人独立学、对学和集体学的学习方式，让学生通过自己的分析、思考和解答，并在与同学、小组进行交流的过程中，由个体到对子，再到小组，依次暴露问题，寻找解决问题的方法，充分给学生独立思考和合作交流的时间和空间，使学生真正成为学习的主人，教师真正成为组织者和指导者。

三、交流汇报、精讲点拨

教师：下面我们进行小组汇报。

学生1：大家好！我们是闪电小组，我们的口号是“闪电闪电，活力无限”。这道题已知的数学信息是“把60个银泡，平均编织在两个挎包上，每个挎包平均编织3行，要求每行有多少个银泡？”

学生2：先计算平均每个挎包编织几个银泡，列式为60÷2＝30（个）。

学生3：再计算每行平均编织多少个银泡，列式为30÷3＝10（个）。

学生4：从上面两个算式我们求出了每行有多少个银泡，我们小组汇报完毕。

教师：请问其他小组有没有补充和质疑？

学生1：这种方法还可以列成综合算式，60÷2÷3＝10（个）。

学生2：他们小组汇报时声音洪亮，这道题有两种解法，你们只说了一种方法。

教师：哪一小组进行补充？

学生：这道题还有一种解法，先算出两个包上一共编织多少行，列式为2×3＝6（排），再算60个银泡可以编织几行，列式为60÷6＝10（个）

教师：这个小组补充得非常好，原来这道题可以用两种方法解答呢！

【评析】在独立学、对学和集体学的基础上，教师搭建平台，让小组充分展示自己的学习成果、解题方法和思维过程，通过小组的展示、补充和质疑，在表达与交流中使学生解决问题的模型慢慢由模糊走向清晰。

教师：刚才同学们讲解了不同的算法，声音洪亮，思路清晰，很好！下面一起再来理一下这些方法。

（教师出示学生的两种算法）

方法一：60÷2＝30（个）	方法二：2×3＝6（排）
30÷3＝10（个）	60÷6＝10（个）
60÷2÷3＝10（个）	60÷（2×3）＝10（个）

教师：每一步求的是什么？根据哪些信息求的？（课件演示银泡动画）

学生：方法一先算出每个挎包有多少个银泡，因为已知有60个银泡，平均编织在两个挎包上，用60÷2＝30（个）；第二步因为已知每个挎包编织30个银泡，平均每个挎包装饰3行，求每行有多少个银泡，用30÷3＝10（个）。这道题可以用综合算式解答。60÷2÷3＝10（个）。

教师：说得非常好！这就是我们今天学习的“用除法两步计算解决问题”，算完之后来回顾检查一下，我们的解答是否正确。

学生：每行有10个银泡，3行30个银泡，两个挎包就是60个银泡，答案正确。

教师：谁再来说说方法二的解答思路。

学生：先算出两个挎包一共有几行，列式为2×3＝6（行），再算60个银泡可以编织几行，列式为60÷6＝10（个），综合算式：60÷（2×3）＝10（个）。

教师：今天我们学习的内容就是“用除法两步计算解决问题”，这类的问题也可以用乘除两步计算来解决。在解决问题时，我们先要仔细阅读和观察数学信息，再通过有用的数学信息分析问题，确定先算什么，再算什么，列式解答，最后再来检查一下答案是否正确。

板书：阅读理解—分析解答—回顾反思

【评析】在小组汇报、补充、质疑的基础上，教师对重点问题进行了补充、完善、深化与总结，强调了解决问题的一般步骤：阅读理解—分析解答—回顾反思，使学生积累了解决问题的方法和经验。

四、深入提高，精练巩固

1. 基础练习

教师：小木果在目瑙纵歌节上还看到景颇族的帽子上也有数学信息，看一下景颇的帽子里隐藏着什么数学信息？（课件出示练习题1，图10-47）

图10-47　帽子上的毛线球

学生：景颇的帽子上每串有3个毛线球，每个帽子有4串。

教师：奶奶一共用120个毛线球装饰这样的帽子，根据这些信息你可以提出什么数学问题？

学生：把120个毛线球装饰在帽子上，每顶帽子装饰4串，这些毛线球可以装饰多少顶景颇族的帽子？

教师：提得非常好！下面请同学们独立解决这个问题（课件出示题目）。

教师：谁来说说这道题是怎样解答的？

学生：我先算出每顶帽子需要几个毛线球，列式为$3\times4=12$（个）再算出120个毛线球可以装饰多少顶帽子，列式为$120\div12=10$（顶），综合算式为$120\div(3\times4)=10$（顶）。

教师：说得好！还有不同的方法吗？

学生：我先计算120个毛线球一共可以做多少串，列式为$120\div3=40$（串），一共有40串毛线球，每顶帽子装饰4串，就可以求出一共可以装饰几顶帽子，列式为$40\div4=10$（顶），列综合算式是$120\div3\div4=10$（顶）。

2. 拓展练习

教师：奶奶有40个毛线球，把它平均装饰在两顶帽子上，请设计出不同的装饰方法，再提出数学问题并解答，并把设计的过程画出来（出示图片，

图 10-48 和图 10-49）。

图 10-48　毛线球

图 10-49　景颇族的帽子

学生：把 40 个毛线球平均装饰在两顶帽子上，每顶帽子装饰 4 串，每串有多少个毛线球？列式为 40÷2÷4＝5（个）或 40÷（2×4）＝5（个）。

学生：把 40 个毛线球平均装饰在两顶帽子上，每顶帽子装饰 5 串，每串有多少个毛线球？列式为 40÷2÷5＝4（个）或 40÷（2×5）＝4（个）。

学生：还可以这样设计，把 40 个毛线球平均装饰在两顶帽子上，每顶帽子装饰两串，每串有多少个毛线球？列式为 40÷2÷2＝10（个）或 40÷（2×2）＝10（个），但这样设计不美观。

【评析】在练习中，设计了一道基础题和一道拓展题，两道题的设计也来源于景颇族日常生活中的数学信息，让学生画出设计方案，借助几何直观进一步理解了数量关系，沟通了图形与算式之间的关系，不仅增强了学生解决问题方法的灵活性，也进一步巩固了本节课用除法两步计算解决问题方法的模型建构。

五、总结

教师：同学们，通过今天的学习你们有什么收获？

学生 1：今天我们学习了运用两步除法解决数学问题。

学生 2：解决问题有多种解法，选择自己喜欢的方法解答。

学生 3：注意观察图片并从图片中找到相关的数学信息，学会提出数学问题并解答。

教师：同学们，数学来源于生活，服务于生活，和我们的生活密不可分。

像刚才我们研究景颇族的包上的银泡、帽子上的毛线球等都是我们日常生活中经常看到的。只要善于用数学的眼光去观察，就会发现生活中处处都有数学。

【评析】将本节课解决问题的过程进行适当回顾与整理，进一步强化数学的应用意识，使数学学习回归于生活应用，从而增强学生解决问题的能力与素养。

教学素材选取了美丽的景颇族服饰、歌舞场景等这些景颇族文化元素为教学情境，特别是以景颇族的包和帽子上的装饰作为数学信息来贯穿整个旧知识的复习和新知识的学习，这样做是为了让学生感受到数学是与日常生活密切联系的，同时在以景颇族服饰为情境的教学中让学生了解本民族的数学文化，使学生的学习具有亲切感和民族自豪感，从而增强景颇族学生对数学学习的信心和兴趣。

（执教：陇川县第二小学余有富；评析：陇川县教育科学研究中心穆勒滚）

案例六　数据收集整理

教学内容：

“数据收集整理”是人教版小学数学二年级下册第一单元。

教学目标：

1. 知识技能

使学生经历数据的收集、整理、描述和分析的过程，学会用简单的方法收集和整理数据。

2. 数学思考与问题解决

体会统计的意义，能根据统计图表中的数据提出并回答简单问题，并能够进行简单分析。

3. 情感态度

通过对学生熟悉的有关民族文化的调查，树立学生的民族团结意识，增强民族自豪感；激发学生的学习兴趣和自信心，培养学生的合作意识。

教学重点难点：

重点：使学生初步认识简单的统计过程，体验数据收集、整理、描述和分析的过程。

难点：根据统计表中的数据提出问题、回答问题，同时进行简单的分析。

教学过程：

一、情境引入

教师：同学们，我们美丽富饶的家乡德宏陇川县是一个多民族聚居的地方。你知道有哪些少数民族吗？

学生：傣族、景颇族、阿昌族、傈僳族、德昂族……

教师：陇川这片沃土上居住着很多个少数民族，他们有着各自独特的服饰和民族习俗，其中傣族、景颇族、阿昌族、傈僳族、德昂族是我们德宏的5个世居少数民族。下面是这5个民族的服装图片，你能分辨出来吗？（教师逐一出示图片，让学生辨认，图10-50至图10-54）

图10-50 景颇族

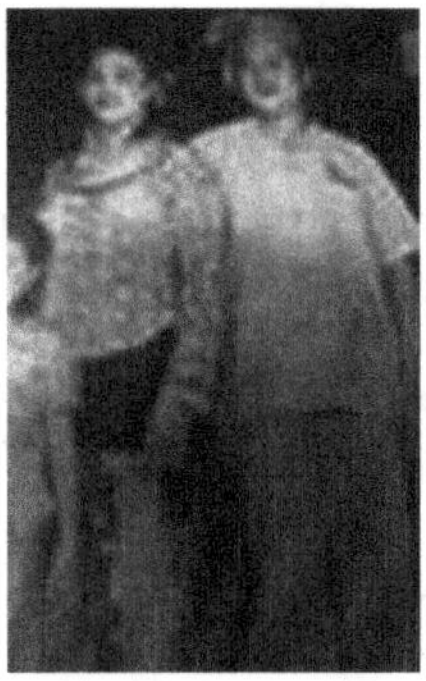

图10-51 傣族

图10-52 阿昌族

图10-53 德昂族

图10-54 傈僳族

教师：你最喜欢哪个民族的服装？

学生1：我喜欢景颇族服装。

学生2：我喜欢阿昌族服装。

教师：如果要想知道本班同学喜欢这几个民族服装的各有多少人可以怎么办？

学生：可以进行调查统计。

教师：真了不起！其实调查统计的过程就是对数据进行收集与整理的过程。今天我们就一起去学习数据收集整理（板书标题：数据收集整理）。

设计意图：

新课标指出："在数学教学活动中，教师要创造性地使用教材，积极开发、利用各种教学资源，为学生提供丰富多彩的学习素材，提高教学效益。"本节课大胆创新，重选素材，以本地区5个少数民族服装引入，吸引学生的注意力，激发学生的学习兴趣。同时让学生了解本地少数民族文化，增强民族自豪感，从小树立民族团结意识。

二、探究新知

（一）收集数据

教师：刚才我们确定了要知道本班喜欢5种少数民族服装的各有多少人需要调查统计，应该怎样调查呢？你有什么好的办法？（指定学生回答）

学生1：我们可以采用举手数一数的方式收集数据。

学生2：还可以用画钩和圈的方式（"√""○"）做记号收集数据。

教师：对，收集数据的方式多种多样，但要调查同学们最喜欢的少数民族服装人数，采用举手的方式既快速又简捷。下面我们就用举手的方式来进行调查。请听规则：每个人只能选最喜欢的一种民族服装，每当教师出示一种民族服装时，喜欢这种服装的同学就举手，好吗？

学生：好。

教师：现在我们开始举手调查（课件逐一播放民族服装图片，同时选5名小助手数数、计数）。

（二）整理数据

教师：刚才同学们已经通过举手这种方式调查出喜欢各种民族服装的人数，为了便于观察和比较可以将收集的数据整理到下面的表格中（出示统计表，见表 10-2）。

表 10-2　统计表

民族服装名称	景颇族服装	傣族服装	阿昌族服装	德昂族服装	傈僳族服装
人数					

师生共同完成统计表中的数据。

（三）认识简单的统计表

教师：同学们，刚才我们将统计后的结果用表格的形式展示出来，这种表格就是简单的统计表。仔细观察统计表，说一说，你看懂了什么？

学生：第一行表示民族服装的名称，第二行表示喜欢各种民族服装的人数。

教师小结：统计表可以帮助我们清楚地看出各种数据的多少。

（四）数据应用

1. 根据统计表中的信息，可以提出哪些数学问题？（学生自由提问题并解决）

2. 根据统计表中的信息解决下面的问题。

（1）喜欢（　　）服装的人数最多；喜欢（　　）服装的人数最少。

（2）全班一共有（　　）人。

设计意图：

以本地区 5 个世居少数民族服装为素材，让学生根据自己的意愿选择最喜欢的一个民族的服装进行调查统计，亲历统计的全过程，达成了教学目标。同时，还培养了学生对家乡民族文化的热爱和向往之情。

3. 完成教材练习一的第 1、第 2 题。

4. 调查本班少数民族学生数，完成统计表并解决问题。

表 10-3　统计表

少数民族	景颇族	傣族	阿昌族	德昂族	傈僳族	其他民族
人数						

（1）我们班少数民族学生中，（　　）民族学生最多；（　　）民族学生最少。

（2）我们班一共有（　　）个少数民族学生。

（3）通过对少数民族学生的调查统计，你想对少数民族同学说些什么？

设计意图：

通过对本班少数民族学生的调查统计，了解班里少数民族学生所占的比例，体会统计在生活中的意义。同时，教育学生要关爱和团结少数民族同学。

（五）小结提升

教师：刚才我们调查了本地 5 个少数民族的服装，你觉得我们还可以从哪些方面调查了解本地的少数民族文化。

学生：饮食、手工制品、民族节日……

教师：同学们真是见多识广，对我们的少数民族文化了解真多。说到本地民族的饮食文化，你最喜欢吃什么？

学生：阿昌族的过手米线、傣族的撒苤、景颇族的手抓饭……

出示本地民族有特色的饮食图片（图 10-55 至图 10-57）。

图 10-55　阿昌族过手米线

图 10-56　傣族撒苤

图 10-57　景颇族手抓饭

教师：下面我们就以阿昌族的过手米线、傣族的撒苤、景颇族的手抓饭作为调查对象以小组为单位进行调查统计，并制成统计表。

学生 8 人为一组合作学习：（1）调查统计，制作统计表；（2）小组展示汇报。

设计意图：

以本地少数民族较有特色的饮食文化为素材，让学生以小组为单位展开调查，再次经历数据统计的全过程。培养学生的合作意识，进一步了解数据统计的用途，同时对本地少数民族的特色文化还起到了很好的宣传作用。

教学反思：

这节课，以本地少数民族为话题，谈话引入。让学生通过对喜欢各种少数民族服装的人数进行调查统计，亲身经历数据收集整理的全过程，在数据收集、整理过程中感受到统计表的直观、简洁。在知识应用过程中，让学生调查统计本班的民族学生数，了解少数民族学生数。最后，以学生喜爱的少数民族特色饮食文化为素材，以小组合作学习的方式，再次进行调查统计，重温统计的全过程。教学中，学生经历了统计活动的全过程，整堂课学生都积极参与到活动之中，在活动中培养了动手实践能力和独立思考能力，也加强了与同伴的合作与交流，达到了预期教学目标。

【评析】德宏作为边疆多民族聚居的地方，学生对少数民族的文化习俗有一定了解、比较感兴趣。教学中结合本地区民族特色，把 5 个少数民族文化融入课堂教学的各个环节，使学生感受到了数学就在自己的身边，极大地激发了学生的学习兴趣和自信心，民族学生的民族自豪感溢于言表，同时对学生渗透了民族团结、热爱家乡的情感教育。

将学生熟悉的民族文化融入小学数学课堂进行“数据收集整理”的教学，引导学生收集信息、整理数据、根据统计表提出并解决问题，让学生经历了数据收集整理活动的全过程，并积极参与其中，取得了良好的教学效益。

教学植根于当地的民族文化，有利于学生感受数学与生活的密切联系，促进民族儿童对数学知识的理解，增强学生的民族自豪感和其对数学学习的信心和兴趣，不断探索和总结将本地民族文化融入数学课堂的实践，也有利于在教学中传承和保护少数民族文化。

（执教：陇川县第一小学杨庆舒；评析：德宏傣族景颇族自治州陇川县教育科学研究中心穆勒滚）

案例七　“倍的认识”教学设计

教学内容：

人教版教科书三年级数学第50页。

教学目标：

在充分感知的基础上，理解一个数是另一个数几倍的含义，初步建立倍的概念。

通过圈一圈、摆一摆等操作活动，经历倍的概念的形成过程，培养几何直观。

学生能初步体会数学知识与日常生活的联系，培养学生的观察、操作、分析及语言表达的能力，养成良好的学习习惯。

教学重点：

通过观察和比较能正确说出两个量之间的倍数关系。

教学难点：

理解“倍”的概念。

教学过程：

一、创设问题情景

教师：同学们仔细观察图片（图10-58），你看到了什么场景？

图10-58　竹篾弹弓现场

学生：竹篾弹弓（一种竹子制作的射击工具）比赛场景。

教师：是的，少数民族的民间传统体育丰富多彩。常开展的有武术、龙舟、丢包、斗鸡、竹篾弹弓等。这是举行竹篾弹弓比赛的场景，我们今天就研究这次比赛中的数学问题。依（编者注：傣族人名，名字仅有一个字）是村里的一个竹篾弹弓能手，下面是他在全县竹篾弹弓比赛中的成绩，见表 10–4。

表 10–4　竹篾弹弓比赛统计表

比赛次数	成绩
第一轮	射中 3 发
第二轮	射中 6 发
第三轮	射中 12 发

教师：通过观察依的射击成绩，你发现依射中的数量之间有什么关系？

学生 1：第一轮射中的数量比第二轮射中的数量少 3 发。

学生 2：第二轮射中的数量比第一轮射中的数量多 3 发。

教师：这些数量之间除了有多或少的关系以外，还有一种新的关系，叫“倍数”关系，今天我们就来研究这种关系（板书课题：倍的认识）。

【评析】竹篾弹弓在景颇族、傣族村寨里运用较广泛，把竹篾弹弓的比赛成绩作为教学的情景，熟悉的场景激发了民族地区学生的学习兴趣和探究的欲望，唤起了学生学习的自信心和自豪感，为探究新知做了很好的铺垫。

二、探究新知

（一）在圈、画中初步认识倍

表 10–5　比赛成绩统计表

比赛次数	成绩
第一轮	●●●　中 3 发
第二轮	●●●　●●●　中 6 发
第三轮	●●●　●●● ●●●　●●●　中 12 发

教师：请大家观察表 10–5 比赛成绩统计表。我们把第一轮击中的 3 发看作一份（边讲边板书演示），那么第二轮的 6 发有这样的几份？

学生：两份。

教师：说说自己的想法，并动手圈一圈。

教师：第一轮的 3 发为一份，第二轮的 6 发里面有 2 个 3，我们就说第二轮射中的数量是第一轮射中数量的 2 倍（板书）。

教师：第三轮射中的数量和第一轮射中的数量之间有这样的倍数关系吗？还有哪两次射中的成绩有这样的倍数关系？请大家在答题卡上圈一圈，然后和同桌交流一下你的想法。

【评析】在这个环节中，采用了数形结合的教学方式，通过学生自己动手圈一圈，在掌握了“2 个 3”“3 个 3”的基础上，初步认识“倍”的概念，了解“倍”的含义。

（二）在比较中加深对倍的认识，掌握倍的内涵

表 10-6　比赛成绩统计表

比赛选手	成绩
李勒干	●●●　中 3 发
熊小解	●●　中 2 发
依	●●●●●●　中 6 发

教师：在这次的竹篾弹弓比赛中，李勒干和熊小解是依的比赛对手，请同学观察第二轮成绩表，如果不动手画圈，你能说说谁的成绩是谁的几倍吗？

教师：依的成绩为 6 发，为什么是李勒干的 2 倍、熊小解的 3 倍呢？请你先进行独立思考，然后再把想法和小组同学交流一下。

【评析】学生在观察中比较和思辨，使学生认识到要说明一个数是另一个数的几倍，看清有这样的一份很关键，从而加深学生对“倍”的理解。

（三）在动手操作中充实对“倍”的认识

教师：按要求用小圆片摆出其他选手的成绩关系（在答题卡上完成）。

要求：依的成绩是熊小解成绩的 3 倍（先让学生自己摆一摆，然后展示不同的情况）。

教师：为什么摆的同样是一个数是另一个数的几倍，而用的小圆片的个数不一样呢？（小组相互交流，说说自己的想法）

教师：因为摆的份数不同，所以所求倍数也不同，小圆片的个数也就不

一样。同桌说一说、摆一摆一个数是另一个数的 5 倍、6 倍、10 倍、1 倍。

【评析】让学生在操作中观察和思考，感受“1 份数”在倍数关系中的重要性和关键性，完善对倍的认识。

三、巩固练习，提升认识

比赛成绩统计表（表 10-7）。

表 10-7　比赛成绩统计表

比赛选手	成绩
熊小解	●●
李勒干	是熊小解成绩的 3 倍（　　）
依	是熊小解成绩的 4 倍（　　）

1. 想一想，并回答问题

依说：他在第一轮的比赛中命中了 3 发，李勒干比他多 5 发，熊小解命中的数量是他的 4 倍，第一轮的比赛谁是第一？

2. 想一想，填一填，完成课本 50 页的第 1、第 2 题

3. 比一比，说一说

（1）

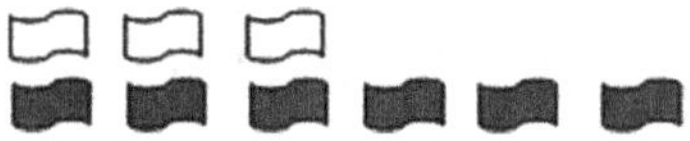

图 10-59　黄色与红色图案

（2）

图 10-60　黄色与红色图案

先让学生分别说一说第（1）题中（图 10-59）红旗面数是黄旗面数的几倍，第（2）题中（图 10-60）黄旗面数是红旗面数的几倍，再重点说说两道题的区别。

（3）  （让学生用两种方法说一说，图 10-61）

图 10-61

（4）（图 10-62）

图 10-62

练习后，把第一行的 6 个改为 5 个，让学生说一说第一行是第二行的几倍。

【评析】通过富有挑战性的题组练习，让学生在比较、表述的过程中，进一步内化“倍”的概念，学生不仅在思维上得到了发展，解决问题的能力也得到了提高，而且体验到了数学的魅力。

四、总结延伸

教师：通过今天的学习你有什么收获，和同学、教师分享一下。

教师：“倍”的知识无处不在，在平时的生活中同学们要留意哪些物体之间存在倍数关系。想一想，全校人数大约是我班人数的几倍？

【评析】通过总结性谈话，引导学生把数学知识与生活实际联系起来，让学生体会到数学的应用价值。

（执教：陇川县第二小学沙晓莱；评析：德宏傣族景颇族自治州陇川县教育科学研究中心穆勒滚）

案例八　“认识图形”教学设计及反思

人民教育出版社新版一年级下册数学第一单元“认识图形（二）”。

教学目标：

能够直观认识矩形、正方形、三角形、平行四边形和圆这些平面图形；能够辨认和区别这些图形。

通过学习，学生能具备初步的观察能力、动手操作能力和用数学交流的能力。初步感受到数学与实际生活的联系。

教学重点：

从物体表面抽象出平面图形。

教学难点：

建立平面图形的观念。

教学过程：

一、创设问题情境

课件播放背景音乐景颇族儿歌《红花》，出示景颇族图片（图 10-63 至图 10-66）。

图 10-63　景颇族建筑

图 10-64　景颇族

图 10-65　景颇族建筑

图 10-66　目瑙示栋

教师：同学们，听着欢快的音乐，看着这些图片，你知道这是哪个民族的建筑和服饰图吗？从这些美丽的图案上你发现了哪些图形呢？

【评析】从学生熟悉的景颇族文化创设教学情境，激发学生的学习兴趣，让学生感受到数学与我们的生活相关，帮助学生树立学习的自信心，更好地实现教学目标。

问题 1　同学们认识的立体图形有哪些？（长方体、正方体、圆柱体、球）

问题 2　你能用学具（长方体、正方体、三棱柱、圆柱体）描出矩形、正方形、三角形、圆形吗？如何将面描绘在纸上呢？

生生合作：同桌互相帮助试着描一描。

展示学生作品，互相评价。

【评析】该环节的设计让学生从描绘点、描绘线、描绘图形等多种方法中感知到"面在体上，面从体生"的思想，提高学生动脑思考、动手操作的能力。

二、导入新课

问题 1　今天我们认识了哪几个新朋友？（根据学生回答，在图形下板书图形的名称）这就是我们今天要认识的图形，这四个图形都是平面图形。

板书标题：认识图形（图 10-46 至图 10-71）。

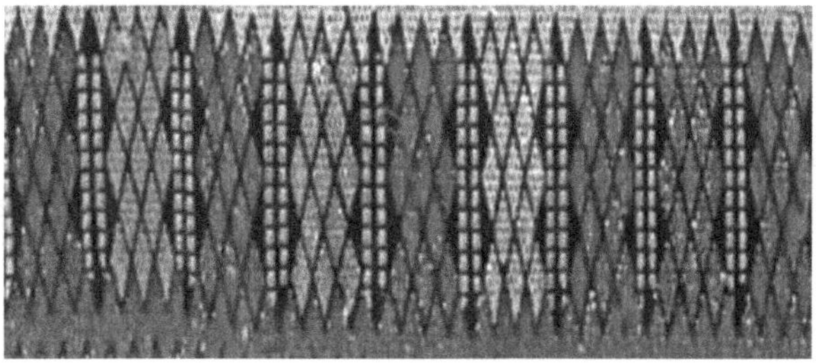

图 10-67　景颇族织锦样式 A

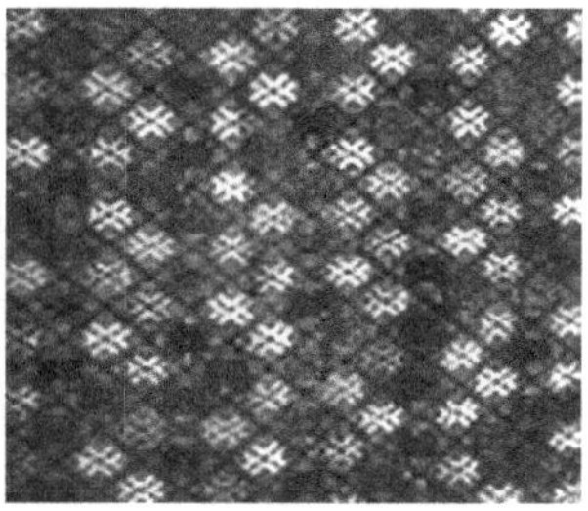

图 10-68　景颇族织锦样式 B

图 10-69　景颇族装饰

图 10-70　银泡

问题2　摸一摸描在纸上的矩形、正方形、三角形、圆形，感觉怎样？

问题3　模型上的面与画出来的图形有什么不同？（一个是立体图形，另一个是平面图形）

问题4　这四个图形有什么不同？（能够辨认和区别这些图形）

小组讨论：四种图形有什么特点？

矩形与正方形的相同点是都有4条边、4个角，4条边都是直的。

矩形与正方形的不同点是正方形的4条边长度都相等，矩形相对的两条边长度相等。

图 10-71　景颇族织锦样式 C

问题5　初步认识平行四边形

【评析】通过摸一摸、比一比、小组讨论等活动，让学生主动讲出平面图形与立体图形，使学生的认识从感性上的认识上升到思想上的认识。

三、多层练习，巩固提高

问题1　说一说生活中在哪些物体的表面上有这几种图形？教室里有吗？请你们去找一找，摸一摸。

问题2　你能给这幅图中的图形涂上相应的颜色吗？

设计意图：

学生活中有用的数学，用生活中的数学，此环节的设计意图主要是让学生进一步巩固当堂所学知识。

涂一涂（图 10-72）。

图 10-72　小庭院

四、全课总结，回归生活

课堂小结：

通过今天的学习你知道了什么？

延伸：

景颇族建筑、服饰中的图案欣赏（图 10-73 至图 10-78），播放景颇族儿歌《红花》。

教师：同学们！今天我们学的这些图形在生活中到处可见，同学们课后留心观察一下，把它们记下来，然后与家人一起交流一下。

图 10-73　房子

图 10-74　上衣

图 10-75 帽子

图 10-76 装饰图案 A

图 10-77 装饰图案 B

图 10-78 景颇族包

课后作业：

希望同学们是小小设计师，会利用矩形、正方形、三角形和圆的组合，设计出一幅美丽的作品。在下次课中会评选出优秀的作品进行展示。

【评析】在课堂教学过程中融入当地景颇族文化元素，特别能激起学生学习的兴趣。学生学习气氛浓厚、积极发言、积极动脑、在小组讨论和展示环节主动参与。教学的重点得到了很好的突出，学生对于矩形和正方形的异同掌握得很到位。对于“面在体上，面从体来”的思想感受较深刻，能正确区分立体图形和平面图形，对于四种所学的平面图形有了深刻的认识。在本节课的设计中，教师采用了同桌合作、4 人小组讨论、展示作品的方式，给学生一个交流与合作的平台，也为一年级学生大胆地表达创造了条件。课件的设计紧紧围绕着景颇族的建筑、服饰上的几何图形，以景颇族儿童歌曲《红花》作为背景音乐，使整个课堂首尾呼应，更具有了景颇族文化的韵味。在导入新课的环节中设计围绕着教学目标，为了突出教学重点，突破难点采用了设置问题串的方式给学生的思考理清了头绪。在巩固练习的设计上通过让学生观察、摸一摸、涂一涂的方式，加深了对本节课所学知识的印象。

在课堂中也发现了一些问题，如对学生的学，教师不敢大胆地放手，还存在着更多“牵”的成分。对于一年级的数学课堂驾驭能力还不够，学生七嘴八舌讲得很多，对整节课的时间把控不好，导致前松后紧。

少数民族文化元素运用到课堂教学中是促进学生直观地、亲切地理解所学数学知识的一种方法。除了景颇族的文化，在当地还可用上傣族、阿昌族、德昂族、傈僳族等民族的文化素材，培养学生热爱家乡的情感。让学生真正感受到数学源于生活，用于生活。

（执教：陇川县民族小学杨丽琼；评析：德宏傣族景颇族自治州陇川县教育科学研究中心穆勒滚）

案例九　1—5 的认识

教学内容：

人教版小学数学一年级上册第一单元第 14—16 页。

教学目标：

会用 1—5 各数表示物体的个数，知道 1—5 的数序，能辨认、朗读、书写 1—5 各数。

培养学生初步的观察能力和动手操作能力，积极交流，建立初步的数感。

学生通过具有阿昌族文化元素的图片，初步感知生活中处处有数学。

教学重点：

会朗读、书写 1—5 各数。

教学难点：

掌握 1—5 各数的数序。

教学准备：

具有阿昌族文化元素的图片、多媒体。

教学过程：

一、问题情境引入

教师（谈话进入）：猜一猜这是哪个民族？（出示图 10-79）播放视频；教师介绍：阿昌族有“自己的语言，自己的舞蹈，自己的服饰”，每逢节日阿昌族姑娘们，穿上自己刺绣的衣服、佩戴美丽的银饰来庆祝节日。

教师：瞧，阿昌族姑娘们来到我们的课堂！

【评析】由于任教班级阿昌族学生较多，因此利用学生熟悉的阿昌族文化导入新课，有利于激发学生的学习兴趣。

图 10-79　阿昌族 A

二、学习新知

（一）认识 1

教师：同学们你们看这位阿昌族姐姐漂亮吗？（图 10-80）漂亮。观察图片中有几个人，可以用数学的几表示？

学生：1。

教师：凡是像这样 1 个人、1 个太阳等都可以用数字 1 表示。

（二）认识 2

教师：同学们你们看这里也有几位阿昌族姐姐（图 10-81），仔细观察图片中有几个人，可以用数学的哪个数字表示？

学生：2。

教师：两个人、两本书等都可以用数字 2 表示。

（三）认识 3

教师：仔细观察这张图片中的人数可以用数学的几表示？（图 10–82）

学生：3。

教师：3 个人、3 本书等都可以用数字 3 表示。

（四）认识 4

教师：仔细观察这张图片是哪个民族的服饰？（图 10–83）对，这是阿昌族的另一种服饰（梁河地区的服饰），图片中的人数可以用数学的几表示？

学生：4。

教师：4 个人、4 本书等都可以用数字 4 表示。

（五）认识 5

教师：看他们在干什么？（图 10–84）图中有几个人呢？可以用哪一个数字表示？

学生：5。

教师：对，可以用数字 5 表示。

【评析】结合本地区民族特色，把阿昌族文化融入课堂，结合阿昌族人物的数量来认识数字 1—5，既贴近生活，又利于学生的理解。同时使学生体会数学与生活的联系。

图 10–80　阿昌族 B

图 10–81　阿昌族 C

图 10-82 阿昌族 D

图 10-83 阿昌族 E

图 10-84 阿昌族 F

三、书写数字 1—5

（1）教师教拿笔姿势。

（2）教学生书写每个数字的起笔、运笔、落笔。教师先示范，紧接着，学生练习，然后学生在书中描红。

【设计意图】要求学生能够正确规范地书写数字 1—5，为数学学习打下良好基础。

四、练习巩固

出示户撒刀图片（图 10-85），同学们知道这是什么吗？

学生：户撒刀

教师：对，这就是我们阿昌族的“阿昌刀”，又称“户撒刀”，因多产于阿昌族聚居的陇川县户撒、腊撒地区而得名。以“吹毛断发、削铁如泥”闻名。2006 年 5 月 20 日，该锻制技艺经国务院批准列入第一批国家级非物质文化遗产名录。

图 10-85　户撒刀

同学们看一年一度的阿露窝罗节到了，为传承我们阿昌族的传统文化，今年又举行户撒刀刀王选拔大赛（播放视频：户撒刀甩断毛巾。编者注：将毛巾对折放在刀刃上，用力挥出去，毛巾断为两段，常通过此举用以展示刀刃的锋利）。

比赛要求：

将数条毛巾逐次放在刀锋上，谁的刀能把毛巾甩断得最多，谁就获胜。先放一条毛巾（多媒体出示一条毛巾）。

问：你认为可以用哪一个数字表示？（学生回答，教师板书）

板书：1

如果再增加 1 条毛巾（多媒体出示两条毛巾），又可以用哪一个数字表示？

板书：2

现在已经有了两条毛巾了，如果再增加 1 条毛巾，又可以用什么数字表示？

板书：3

现在已经有了 3 条毛巾了，如果再增加 1 条毛巾，又可以用什么数字表示？

板书：4

现在已经有了 4 条毛巾了，如果再增加 1 条毛巾，又可以用什么数字表示？

板书：5

板书：1、2、3、4、5

（全班齐读：顺着、倒过来读）

问：3 的前面是几？后面呢？与 2 相邻的两个数是几？与 4 相邻的两个数是几？

【评析】再次利用学生熟悉的情境，理解巩固数字 1—5 的概念。

五、课堂小结

通过今天的学习，你学会了什么？有哪些收获？

【评析】“1—5 的认识”是数的概念中基础的知识之一，是小学生学习数学的开始。这节课教师创造性地使用教材，积极开发、利用民族文化教学资源，为学生提供了丰富多彩的学习素材，使学生初步经历从熟悉的阿昌族生活中抽象出数的过程，并体验了数学与生活的联系和数学学习的乐趣。

（执教：陇川县户撒乡明社小学李清艳；评析：德宏傣族景颇族自治州陇川县教育科学研究中心穆勒滚）

案例十　数学广角——搭配

教学内容：

人教版小学数学二年级上册第八单元。

教学目标：

1. 知识与技能

经历探索简单事物的排列和组合过程；初步培养学生观察、分析及推理能力和有序地全面地思考问题的能力。

2. 过程与方法

通过观察、猜测、比较、实验等活动，发现简单事物的排列方法和组合方法。

3. 情感态度与价值观

通过教学活动，培养学生与人合作的精神，形成良好的生活习惯，在数学中渗透民族团结和民族文化教育意识。

教学重点、难点：

经历探索简单事物的排列和组合过程，掌握简单的排列和组合方法。

教学过程：

一、创设情境、展示目标

（一）谈话导入

猜一猜这是哪个民族的服饰？（图 10-86）

课件播放景颇族目瑙纵歌节场景图片（图 10-87）。

图 10-86　景颇族舞蹈

图 10-87　目瑙纵歌现场

图 10-88　景颇族女孩

教师：景颇族是我们德宏人口较多的一个民族，为此我们州叫德宏傣族景颇族自治州，享有“目瑙纵歌之乡”的美称，每年都会举行大型纵歌会，景颇族有很多独特的民族文化，能歌善舞，聪明善良勇敢，同学们你们喜欢这样的民族吗？今天教师带来给大家认识一个景颇族小朋友（出示图片，图 10-88）。她是景颇族女孩，名字叫汤汤，汤汤是个聪明好学的好孩子，这节课汤汤要带我们去一个有趣的地方——数学广角乐园，同学们，你们想去吗？可是汤汤说了进去里面是要有任务目标的。我们先看有什么任务目标好吗？

（二）展示学习目标

（1）通过观察、猜测、比较、实验等活动，找出最简单的事物的排列数和组合数。

（2）经历探索简单事物的排列和组合过程，发现组合和排列的方法。

（3）在学习中养成与人合作的良好习惯，学习中各民族相互帮助，团结友爱，相互学习，一起进步。

【评析】用学生熟悉但不是很清楚的景颇族文化来导入，能较好地激发学生的学习兴趣，特别是景颇族学生感到骄傲而热爱这课堂，根据本班情况，设计了“学习中各民族相互帮助，一起进步”的任务目标，希望不同民族能较好地融合在一个班级里。

二、自主学习、合作交流

我们带着汤汤给的任务进入数学广角乐园看看。咦，大门锁着呢？我们问问汤汤。汤汤说：“这是一道密码门，密码是数字 1 和 2 组成的两位数，这个数接近 20。”同学们，你们能想办法打开这个密码门吗？我们一起来试一试。

【评析】循序渐进，初步探究两个数的排列方法，为以下学习 3 个数的排列方法做准备。

你们真聪明，把大门打开了，乐园里面有很多好玩的地方，今天我们先到数字宫去看看，在这里汤汤想用一个摆数字游戏考考大家，看看同学们厉不厉害，同学们敢不敢去挑战？（课件出示：数字 1、2、3 可以组成几个两位数？）

（1）请同学认真读题目，教师指导理解题意。

（2）提出要求。

（3）学生合作交流。

【评析】根据农村走读生不能或不会自觉课前预习、自学的情况，引导学生先自学，自己不会的小组交流，最终知道这部分内容自己还有什么问题需要听教师讲解。

三、检查自学情况，展示小组合作交流

【设计意图】通过展示，教师发现学生自学和小组交流后还存在的问题，能有针对性地指导学生学习和点拨难点。

四、教师精讲点拨

教师对学生的交流汇报进行整理，并总结出数字排列的三种方法：

固定排头的方法：12、13、21、23、31、32。

固定排尾的方法：21、31、12、32、13、23。

个位十位交换位置的方法：12、21、13、31、23、32。

通过对比交流，发现既不重复也不遗漏的应该是6个。

教师：怎样才能做到既不重复、又不遗漏地写出这6个数呢？

指名让学生说一说，表扬回答得好的学生，一起说一遍。

【评析】重点解决小组展示时出现的问题，讲解时特别照顾中下层学生。

五、课堂巩固练习

现在教师想考考同学们，看看你们会不会使用新学的知识，同学们，你们想不想试试看？（用备好的教学课件展示：用6、7、8可以摆出几个不同的两位数，分别是哪些？）

（1）认真读题，理解题意。

（2）要求先在小组上用数字卡片摆一摆，说一说，再写在纸上，然后派代表汇报。

（3）小组合作，汇报展示。

【评析】检查学生对新学知识的掌握情况。

同学们真厉害，教师很想握握同学们的手，因为握手不仅代表着友好，还是一种礼貌行为，在生活中握手的情景随处可见，同学们你们会握手吗？其实握手中也有许多数学奥秘，你们想知道有什么奥秘吗？课件展示：3个小朋友，如果每两个握一次手，3个人可握几次手？同学们猜一猜应该可握几次手呢？（图10-89）

图10-89　快乐的景颇族小朋友

（1）请同学们回答。

（2）邀请本班三种民族代表各一个上台演示握手（表演完后，要求景颇族学生用自己的语言说说看握手怎么讲，教师口头教学生握手）。

（3）小结：像刚才这样进行的统计握手次数的方法，在数学上我们叫它组合数。

（4）同学们，这里教师有个疑惑想问你们，刚才我们用 3 个数字两组两组地摆，可以摆出 6 组，为什么现在 3 个朋友，两个一组，两个一组地握手，只可以握 3 次呢？

【评析】通过质疑让学生知道排列与组合的不同。

（5）刚才我们学习了组合的方法，现在汤汤想请大家用组合的方法帮个忙，同学们你们愿意吗？汤汤说今天她要去参加一个舞会，有 3 件景颇族女式上衣和两条景颇族裙子，搭配着穿，有几种搭配穿着法？（图 10-90 至图 10-94）

图 10-90　上衣 A

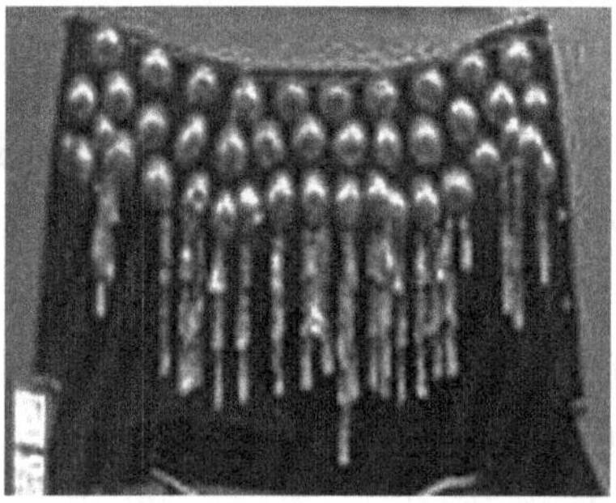

图 10-91　上衣 B

图 10-92　上衣 C

图 10-93　裙子 A

图 10-94　裙子 B

六、拓展延伸，课堂小结

（一）抽奖游戏

同学们刚才都表现得很好，为了感谢你们，教师带来了奖品，你们想要吗？但是需要同学们的聪明智慧和好运才能拿到，你们想不想努力拿到？（使用课件展示：幸运大抽奖，中奖号码是 1、3、5 组成的其中一个两位数）

（1）先写出 1、3、5 组成的 6 个两位数，选其中一个你认为最能中奖的两位数号码写在教师发给你的小卡片上。

（2）等待教师开奖，你手里拿的数和教师手里拿的数如果一致，那么就中奖，可以拿到奖品。

（二）本节课小结

同学们，这节课我们认识了哪个朋友，她是什么族？数学乐园数字迷宫好玩吗？我们一起想想我们有什么收获？

【评析】本节课的亮点：结合本地区民族特色和本班实际情况，把景颇族文化融入课堂，激起了学生的学习兴趣，特别是景颇族学生格外兴奋；同时对学生渗透了民族团结教育，又使课堂新颖独特，把复杂的知识学习放在轻松的民族活动课堂进行。

景颇族文化融入数学课堂，能有效提高民族学生学习兴趣，提高教育教学质量，同时在教学中进行民族团结教育，能让不同的民族生在班里更好地团结在一起，互帮互助，形成更强的班级凝聚力。

本节课，通过“创设情境、展示目标—自主学习、合作交流—检查自学情况—教师精讲点拨—课堂巩固练习—拓展延伸、课堂小结六个环节，让学生怀着愉快的心情，轻松带上学习任务，踏上学习之路，先自己学习，遇到问题探讨交流，展示自学情况，发现问题，教师引导点播，巩固应用新知识，总结收获。在“汤汤小朋友”的层层引进下，轻松完成了任务。整节课有独立完成的，合作完成的，动脑完成的，动手完成的，课堂气氛活跃，学生都热情主动参与课堂的每个环节，形成了有效的学习活动，达到了预期的教学目标。

本节课的不足：探究数字的排列方法时，可能引导不得当，学生不能顺利发现三种方法，通过教师点拨后，巩固练习时多数学生仅仅熟练第一种方法。

讲解组合的方法时，没能指导学生归纳出组合数的计算方法，这样教学不能较好地为学生今后做组合数的计算练习服务。

在日常生活中，有很多地方用到排列组合的知识，如衣服的搭配、乒乓球的比赛场次、彩票的中奖号码等。作为二年级的学生，已有了一定的生活经验，因此在数学学习中注意安排生动有趣的活动，让学生通过这些活动进行学习。由于任教班级景颇族学生较多，因而在素材的选取上教师选取了美丽的景颇族服饰、歌舞场景这些景颇族文化元素作为数学教学情境，特别是以景颇族服饰搭配作为数学信息来贯穿教学始终，在用景颇族语言说握手教学中，运用了双语教学，增强了学生的民族自豪感和数学学习的亲切感。

（执教：陇川县章凤镇弄贯小学尚丽英，陇川县章凤镇中心小学何开仙；评析：陇川县教育科学研究中心穆勒滚）

思考题

1. 通过案例学习，谈谈你对民族文化融入数学教学课堂的认识。

2. 自选中小学教材内容，撰写一篇蕴含当地少数民族数学文化元素的教学设计，并制作成教学课件。

第十一章　校内外实践

通过对田野调查基本步骤的学习，初步掌握发掘民族数学文化的基本方法，会进行载体中民族数学元素挖掘分析，从学生熟悉的生活中提取数学素材并用于创设数学情境，进行数学文化、数学情境问题教学案例的编写，努力做到具有一般中小学数学教师必备的能力外，还具有适应民族地区中小学数学教学，让少数民族学生在自己熟悉的文化生活中较好地学习数学的初步的教育教学能力。

第一节　校内实践

实训一：田野调查法

田野调查法，就是研究者深入实际或现场做系统的调查研究，从而获得第一手资料的方法，也叫实地调查或现场调查。这种方法不仅是民族学的重要研究方法，也是许多学科共同采用的方法。

通过校内图书馆等，查阅田野调查法的相关要素及操作要点。

田野调查法的意义，可分阶段及相关要求，资料整理原则。

评价方法：以小组为单位，提交一篇田野调查法相关要素及操作要点的报告，并提交一篇田野调查的校外调研计划。

实训二：教学案例制作

1. 自选小学数学教学内容，应用本小组通过田野调查获得的第一手材料，进行小学数学情境问题教学案例设计。在教师指导下，初步学会利用民族数学文化素材初步进行案例的编写。

2. 以小组为单位呈交一份教学案例。

评价：据案例与教学内容的适切度进行定性评价。

第二节　校外实践

实训一：资料搜集

学生3—7人为一个小组，到本市区公共文化场所或者本市周边民族村寨，对民族数学文化载体进行拍摄，对民族人士、专家进行访谈等，开展民族数学文化田野调查资料的搜集（利用节假日、周末等时间独立完成）。

评价：据搜集素材的丰富性、典型性等进行定性评价。

实训二：资料分析

学生3—7人为一个小组，对田野调查获得的民族数学文化原始素材，进行民族文化中的数学元素分析，并进行归类整理。

评价：据分析的一致性和准确性等进行定性评价。

第三节　校内外实训项目内容

校内外实训项目见表11-1至表11-4。

表11-1　校内外实训项目内容

项目名称	项目1：田野调查方法		总学时	
学习任务	任务名称	田野调查法要素	学时分配	
	田野调查方法的内涵、意义，田野调查的步骤，各步骤的要求，资料整理的原则 提交一篇田野调查法相关要素及操作要点的读书报告			
实验（实训）目标	初步理解、掌握田野调查的内涵及操作要点、注意事项			
实验（实训）内容	田野调查的内涵及操作要点、注意事项			
教学组织	安排学生到校图书馆、资料室、网络教室			

续表

项目名称	项目 1：田野调查方法	总学时	
教学方式	课外指导		
评价方式	定性评价（合格/不合格）		
教师要求	指导者		
备注			

表 11-2　校内外实训项目内容

项目名称	项目 2：民族数学文化田野调查		总学时	
学习任务	任务名称	民族数学文化田野调查	学时分配	
	在本地市内公共文化场所或到周边民族村寨等开展民族数学文化田野调查			
	在本地市内或到周边民族村寨等开展景颇族或其他少数民族数学文化田野调查			
实验（实训）目标	用数学文化的眼光观察/寻找民族数学文化原始素材			
实验（实训）内容	通过对民族数学文化载体进行拍摄，对民族人士、专家的访谈等搜集素材			
教学组织	课外实践，由学生利用周末等业余时间独立完成			
教学方式	课外指导			
评价方式	根据学生田野调查搜集素材的丰富性、典型性等进行评价			
教师要求	指导者			
备注				

表 11-3　校内外实训项目内容

项目名称	项目 3：载体中民族数学元素挖掘分析		总学时	
学习任务	任务名称	民族数学元素挖掘分析	学时分配	
	材料汇总分析			
实验（实训）目标	初步学会对田野调查搜集来的原始素材进行数学分析和表达			
实验（实训）内容	对项目 2 田野调查获得的民族数学文化原始素材，进行民族数学元素分析			
教学组织	由学生利用周末等业余时间独立完成			

续表

项目名称	项目 3：载体中民族数学元素挖掘分析	总学时	
教学方式	课外指导		
评价方式	根据学生对数学元素挖掘分析结果的一致性和准确性等进行定性评价		
教师要求	指导者		
备注			

表 11-4　校内外实训项目内容

项目名称	项目 4：民族数学文化教学案例编写		总学时	
学习任务	任务名称	民族数学文化教学案例编写	学时分配	
	以小组为单位呈交一份教学案例或以小组为单位呈交一篇小论文			
实验（实训）目标	初步学会利用民族数学文化素材进行案例的编写或一篇小论文的撰写			
实验（实训）内容	自选小学数学教学内容，运用本小组通过田野调查获得的第一手材料，进行民族数学文化情境问题教学案例设计			
教学组织	由学生利用周末等业余时间独立完成			
教学方式	课外指导			
评价方式	据案例与教学内容的适切度进行定性/定量评价			
教师要求	指导者			
备注				

附录一　基于少数民族数学文化背景下的小学数学教学个案研究（节选）①

周长军　穆勒滚　赵建红　彭爱辉

案例：认识轴对称图形

一、创设教学情景

课件出示对称图片（附图 1-1 至附图 1-4），让学生感受对称美，并以景颇族银泡为导入点，引导学生发现这些图形的特点，提出问题。

附图 1-1　景颇族女式帽子

附图 1-2　景颇族男式帽子

① 本文原载于《数学教育学报》2018 年第 3 期。

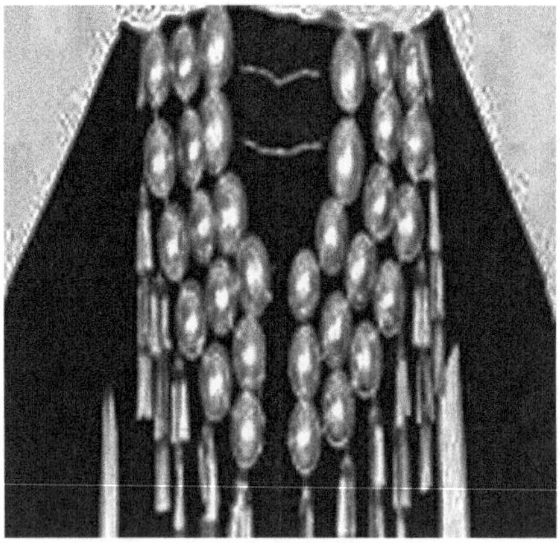

附图 1-3 景颇族女式上衣 A

附图 1-4 景颇族女式上衣 B

观察头饰、服饰有什么特点？（让学生用自己的语言说明）

（通过观察，学生自己发现在图形中间“剪一下”“切一刀”或“从中间分开”后，两侧分别对应相等）

教师小结：像我们德宏傣族景颇族自治州的景颇族头饰及服饰等，它们的左右两边是完全一样的，我们把这种现象称为“对称”。

二、探究新知

动手剪一剪——认识轴对称图形

展示大树、圆形、几个轴对称图片。

教师设问：你们看到教师是如何剪出来的？（引导学生观察，得出折痕两侧的图形完全重合，所以先对折再剪开）

小组合作完成，将自己小组剪出的对称图形，向全班进行展示并汇报各自的剪法。

（1）引导学生明确剪对称图形的方法，认识对称轴、画出对称轴；

（2）师生导出结论：折痕两边的部分能完全重合的图形，就是轴对称图形。对称轴：折痕所在的这条线。

三、课堂巩固练习

说一说，在我们的生活中你能找出轴对称图形吗？

（课件演示欣赏：德宏少数民族文化中的轴对称图形，并指出它们的对称轴。附图 1-5 至附图 1-9）

附图 1-5　具有傣族文化元素的建筑

傣族民间剪纸艺人邵梅罕的剪纸作品（佛）

附图 1-6　傣族剪纸

附图 1-7　绿孔雀

附图 1-8　象脚鼓

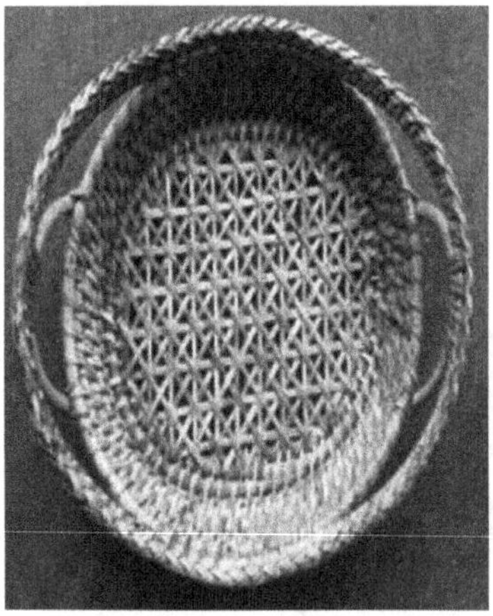

附图 1-9　傣族竹编筐

上面的图形是轴对称图吗形？你能画出这些图形的对称轴吗？

案例分析：

对称的事物能给人一种“安静”的严肃感，蕴含着平衡、稳定之美。对称之美源于自然，在日常生活中处处都可见；对称之所以为美，这是视觉美的天性使然。各民族人民对于自然的崇尚，更反映在对称美的普遍运用之上。案例设计者和执教者考虑到了小学生思维特点：以具体形象思维为主，逐步向抽象逻辑思维过渡，但仍需具体经验的支持；感知特点为目的性不明确，无意性和情绪化仍明显，难以辨别事物的主次；数学知识的应用广泛性与儿童生活经验狭窄之间的矛盾的情况。尤其是第一学段，学生学习过程中好奇心强，而教材设计所学的内容不多，在案例设计时采用多媒体手段，呈现多幅涉及当地少数民族建筑、服饰、剪纸等的图片、视频并进行组织观察，在进一步巩固轴对称相关知识的同时，感受数学与我们生活的联系，欣赏数学美的无处不在。

活动式，是指教师利用地域性课程资源，针对所蕴含着大量民族文化特色的种种数学元素与问题，借助“综合与实践”这一教学平台，引导民族学生经历现实具体的活动，在感受本民族或本地民族文化同时，也感受到数学学习过程中的“好玩”和“有意思、有趣”；在感知数学美的过程中，积累自己的数学活动经验。教材要求是主要借助生活中的实例和学生操作活动，判断哪些物体是对称的，找出对称轴，并初步地、直观地了解轴对称图形的性质。

开展这一活动教学的意义在于，既丰富了学生关于图形变换和设计活动的经验，又能够在搜寻、表现、欣赏、创造数学美的系列活动中，领略到数学别样的风景；在表达自己的创作灵感、倾听他人设计思路的过程中，逐步形成一定的创新意识。

本案例可灵活处理与通用教材的关系。教师可先行利用教科书所呈现的图案进行教学，作为课外活动，组织学生共同收集本民族地区环境中的轴对称、平移等图形，并在开展交流的基础上，提出“同学们，我们来当一回小小设计师”，并借助教材中的“你能像左页那样，自己去设计一个图案吗？试一试”来引导和激励学生对已认识的图形，利用轴对称、平移等图形变换方法设计出作品。

教师参照“创设问题情境—提出数学问题—解决数学问题—应用数学知识”模式，结合教学内容开展以民族文化为背景创设数学情境教学案例的设计，借助多媒体创造性地使用教材，做到了关注学生的生活世界，以学生的生活经验创设情境，体会了数学与生活的密切关系；并兼顾学生的学习习惯、学习方式和心理世界，以自主合作探究的方式组织教学，经历了动手实践、独立思考、同伴的合作与交流学习过程，使整堂课充满了生命的活力。“随风潜入夜，润物细无声”，民族学生在自己熟悉的文化背景下进行数学学习，心理上的陌生及焦虑感由熟悉感、亲切感所代替，在一定程度上发挥了“数学情境对学生产生直接的刺激”作用，减少了他们认知活动的障碍，这在无形中起到了调动学生数学学习积极性作用的同时，也有利于学生对民族文化美的欣赏和对本民族文化的弘扬、传承。

附录二　苗侗建筑文化引入小学数学课堂的教学尝试（节选）①

周秋嘉　肖绍菊

案例：三角形

一、情境导入

教师：假期时教师去游玩，特意拍了一些图片，考考你们，看你们能否发现图片中有比较熟悉的图形（课件播放侗寨的房顶、风雨桥、苗寨大门的支架和苗族吊脚楼等，如附图 1–10 所示）。

学生自由汇报（发现得最多的是三角形）。

① 本文原载于《凯里学院学报》2014 年第 6 期。

附图 1-10　建筑物

教师：教师很高兴你们都有一双智慧的眼睛。这节课我们就一起来研究三角形的知识（揭示课题并板书：三角形的特性）。

二、操作感知，理解概念

（一）发现三角形的特点

教师：请你们在作业纸上画一个你们喜欢的三角形。边画边想三角形是由哪些部分组成的？展示学生画的三角形。

组织小组交流：和小组内的同学交流一下，你们画的三角形有什么共同特点？

反馈，根据学生的汇报出示课件标出三角形各部分的名称（板书：三条边、三个角、三个顶点）。

（二）概括三角形的定义

教师：看来大家对三角形的特点达成了一致的看法。能不能用自己的话概括一下，什么样的图形称为三角形？

学生 1：由三条边，三个角，三个顶点组成的图形叫作三角形。

学生 2：由三条边组成的图形叫作三角形。

学生回答后教师不急于下结论。

教师：请你们对照上面的说法，判断下面的哪个图形是三角形？（课件出

示以下一组图形，如附图 1-11 所示）

附图 1-11　课件图形

讨论：哪些是三角形？

通过对以上 5 个图形的判断，规范学生给出的定义用词（根据学生汇报板书：由三条线段围成的图形叫作三角形）。

教师：你认为三角形的定义中哪些词最重要？

组织学生在讨论中理解“围成”（边画三角形边强调“每相邻两条线段的端点相连接”）。

教师小结：数学是一门严谨的学科，我们在用数学语言表达的时候也要讲求其严谨性。

（三）探究三角形的特性

教师：请同学们观察苗族、侗族建筑中的三角形，思考苗族、侗族人民在生活中为什么要把这些部分做成三角形的，它具有什么特性？

学生 1：因为三角形好看。

学生 2：因为三角形稳固。

学生 3：因为三角形的建筑容易搭建。

教师：下面，请大家都来做一个实验。请学生拿出自己的笔，分 4 人小组合做实验：分别用笔围成三角形、四边形拉一拉这些图形，有什么发现？

学生汇报实验结果：

学生 1：四边形很容易拉动。

学生 2：三角形拉不动。

教师：看来四边形容易变形，而三角形不容易变形，具有稳定性。现在你们知道这些建筑物中的三角形起到什么作用了吗？（板书：三角形的特性——具有稳定性）

教师：请同学们观察侗族鼓楼及苗族的吊脚楼的框架结构，你们有什么想法？

学生 1：我发现很多支架是三角形的。

学生 2：现在房屋就牢固了。

学生 3：利用了我们刚刚学的三角形的特性。

教师：苗族、侗族人民利用三角形的稳定性，使建筑物稳固，这是对三角形稳定性的最好应用。

教师：你们还能说出生活中哪些物体上有三角形吗？

学生：红领巾、房梁、自行车、交通标志牌、篮球架、高压线塔……

教师：从你们的回答中教师感到你们都是善于观察、善于发现的好孩子！看来生活当中的三角形还真不少啊！

三、认识三角形的底和高

（一）初步感知三角形的高

出示苗族建筑中的三角形，引导学生观察。

教师：我们已经学习了从平行四边形一条边上的一点到它的对边的垂直线段叫作平行四边形的高，谁知道三角形的“高”指的是哪部分？（附图 1-12）

附图 1-12　吊脚楼

请学生上讲台指出三角形的高。

教师：谁能说说什么是三角形的高？

学生 1：三角形顶点到对应底的距离。

学生 2：从顶点到对应底边所画的垂线。

教师：你们说得都不错，从三角形的一个顶点向它的对边作垂线，顶点和垂足之间的线段叫作三角形的高。咱们就来学习三角形高的画法。

（二）请学生自学课本有关三角形底和高的知识

课件出示自学内容，要求学生独立完成。

1. 自学课本第 81 页上的内容，读一读，想一想，什么叫三角形的高和底。

2. 画一画：尝试画出三角形的一条高，并标出它对应的底。

教师：小组交流，互相说说画三角形的高怎么画，应该注意什么。

学生：通过小组讨论，明确了底和高是对应存在的，有三条底边，就会有三条高。

3. 学生汇报后教师小结了用三角板画出三角形高的方法。

四、本次教学的思考

本次教学，我们结合本地区民族特色，把苗族、侗族文化融入课堂，激起了学生的学习兴趣。上课一开始我们就用了孩子们熟悉的生活情境——富有本土特色的建筑引入课题，孩子们兴趣浓厚，整个课堂生动活泼。特别是针对学生尝试画出三角形的高，可能存在困难的情况，利用苗族建筑中的三角形支架对这一难点进行了突破，使教学环节更加紧凑，过渡更加自然，概念渗透也更加清楚，学生思维活跃，虽然小学阶段不要求学生会画出钝角三角形钝角边上的高，因为铺垫做好了，对这个内容也掌握了，充分发挥了学生自主学习的积极性。“这一次的教学效果比上一次好多了，学生在课堂上很活跃，苗族、侗族民族文化渗透到数学课堂很新鲜，值得提倡。”听课的教师这样说。

我们只有立足于本地文化背景，创设学生熟悉的教学情境，才能激发学生学习的兴趣；只有使数学与学生的日常生活、地方特色联系起来，才能使课堂充满情趣，焕发出生机！